Súper Lectura Dinámica:

el arte de leer y comprender rápidamente

Edgar Miguel Molina

Editorial The World Book Company Ltda.

Súper Lectura Dinámica:
el arte de leer y comprender rápidamente

Leer es un arte, y para aprender cualquier arte es necesario conocer un conjunto de destrezas, estrategias y técnicas, desarrollándolas disciplinadamente, con el fin de lograr el máximo de resultados con el mínimo de esfuerzo.

Para dominar un arte se necesitan muchas horas de práctica constante, pero una vez se logra superar esta etapa, lo que a otros les parece difícil o hasta imposible, será algo fácil y natural para ti.

A pesar de que éste es un curso de Lectura Rápida, hay que partir muy despacio, poco a poco, sin desanimarse, tomándose el tiempo que sea necesario. A medida que se va adquiriendo experiencia, se va incrementando la velocidad.

Cita

"El mejor momento del día es ahora."

Pierre Bonnard
Artista plástico francés

¿Cuántas palabras leo por minuto?

Pon tu cronómetro en un minuto, o con ayuda de un amigo y un reloj con segundero, contabiliza un minuto exacto y detén la lectura. Te será fácil saber cuántas palabras lees por minuto porque la fábula tiene un conteo cada 10 palabras.

El gran salto
Fábula de 350 palabras y 500 incluida la moraleja

Un millonario promueve una fiesta en una de sus mansiones[10]; en determinado momento pide silencio, la música para, y el[20] millonario dice, mirando hacia la piscina donde criaba cocodrilos australianos[30]:
- El que logre cruzarla y salir vivo al otro lado[40], ganará todos mis autos... ¿Alguien se atreve?

Cita

"La educación es al hombre lo que el molde al barro. Le da la forma."

Jaime Balmes
Filósofo español

Espantados, los invitados permanecen en silencio y el millonario insiste:
- El que se lance a la piscina, logre cruzarla y salir vivo al otro lado, ganará todos mis autos y mis aviones... ¿Alguien se atreve?

El silencio impera, y una vez más el millonario ofrece:
- El que se lance a la piscina, logre cruzarla y salir vivo al otro lado, ganará todos mis autos, mis aviones y mis mansiones...

En este momento, alguien salta a la piscina. La escena es impresionante... una lucha intensa, el hombre se defiende como puede, agarra la boca de los cocodrilos con pies y manos, tuerce la cola de los reptiles... DIOS MIO... Mucha violencia y emoción. ¡Parecía un capítulo de El cazador de cocodrilos! Después de algunos minutos de terror y pánico, sale el valiente hombre, lleno de arañazos, hematomas y casi muerto.

El millonario se aproxima, lo felicita y le pregunta:
- ¿Dónde quiere que le entregue los autos?

- Envíelos a mi casa, más tarde le daré la dirección. Responde el valiente hombre.

Complacido, el millonario pregunta una vez más:
- ¿Y los aviones? ¿Dónde quiere que se los entregue?
- Déjelos en el hangar, que yo mismo pasaré a recogerlos tan pronto me recupere de mis heridas.

Profundamente conmovido, el millonario pregunta una vez más:
- ¿Y las mansiones? ¿Cómo quiere que se las entregue?
- Contrataré un abogado para que hagamos las escrituras y luego, cuando me recupere habitaré alguna de ellas. Dice el hombre gravemente herido.

"Un error es un hecho cuyos beneficios plenos aún no se han volcado a tu favor."

Edward Land
Fundador de Polaroid

- ¿Hay algo²⁹⁰ más que pueda hacer por usted? Me ha demostrado ser³⁰⁰ muy valiente y me gustaría recompensarlo aún más, añade el³¹⁰ millonario.

Sí, ciertamente hay algo más que me gustaría hacer³²⁰, dijo el valiente hombre, haciendo un gran esfuerzo para mantenerse³³⁰ en pie:

- antes de llevarme al hospital, ¡Por favor ayúdeme³⁴⁰ a encontrar al depravado que me empujó a la piscina³⁵⁰!

Moraleja: ¡cuántas veces no reconocemos nuestra propia capacidad y requerimos³⁶⁰ de ese empujón! Nuestra vida transcurre entre logros y fracasos³⁷⁰, y la autoestima es el valor que nos hace tener³⁸⁰ plena seguridad en nuestras capacidades, además, da la fortaleza necesaria³⁹⁰ para superar los momentos difíciles de nuestra vida, evitando caer⁴⁰⁰ en el pesimismo y el desánimo.

Igualmente sucede con tus⁴¹⁰ proyectos, si no te atreves a dar el gran salto⁴²⁰, tal vez nunca te des cuenta de tus verdaderas capacidades⁴³⁰, si crees que necesitas "un empujón" para dar el gran⁴⁴⁰ salto, entonces busca al "depravado para que te empuje", pero⁴⁵⁰ sea como sea intenta lanzarte, verás como tus habilidades se⁴⁶⁰ activarán para "luchar contra las dificultades". Para ser un emprendedor⁴⁷⁰ exitoso se debe luchar contra todo lo antepuesto, sin importar⁴⁸⁰ las limitaciones, todo es posible si lo intentas, imagina, sueña⁴⁹⁰, y gánale a la vida rompiendo todo tipo de barreras⁵⁰⁰.

Cita

TRES LLAVES PARA EL ÉXITO
DEDICACIÓN. Poner la mira en las cosas que valen la pena en la vida, y establecer un plan para trabajar continuamente hacia su realización.
EQUILIBRIO. Mantener la perspectiva adecuada respecto a cada esfera de la vida. Conservar una perfecta armonía con las leyes de la naturaleza, lo cual produce el equilibrio perfecto. El equilibrio en todo trae como resultado la felicidad.
CREENCIA. Poseer fe. Las personas tienen éxito de acuerdo a la medida de su fe.

Glenn Bland
Escritor de libros sobre cómo alcanzar el éxito

Ahora verifica tu comprensión lectora:

1. **Esta historia es una ilustración de:**
   A. Nuestras capacidades ocultas
   B. Nuestras dificultades ocultas
   C. Nuestros cocodrilos ocultos
   D. Nuestros deseos ocultos

2. **El millonario de la historia tipifica a:**
   A. Los cocodrilos
   B. La piscina
   C. La vida misma
   D. El depravado

3. **Un proverbio o refrán que se podría relacionar con el propósito de esta historia sería:**
   A. Haz el bien y no mires a quien.
   B. Atrévete que en el camino se arreglan las cargas.
   C. Camarón que se duerme se lo lleva la corriente.
   D. Por la plata baila el perro.

4. **Una enseñanza que no está contemplada en esta historia es:**
   A. Debemos creer en nuestras capacidades y atrevernos a actuar.
   B. A veces necesitamos un empujón para reconocer nuestras capacidades.
   C. Si decimos mentiras corremos el riesgo de no ser tomados en serio en el futuro.
   D. La vida está llena de dificultades, pero sólo el que se atreve a actuar logra superarlas.

5. **Aplicando esta enseñanza a la vida empresarial podemos decir que atreverse a dar el gran salto significa:**
   A. Empezar ese negocio o empresa que se desea cuando alguien nos anime a hacerlo.
   B. No empezar ese negocio o empresa que se desea aún cuando alguien nos anime a hacerlo.
   C. Buscar a alguien que nos anime a empezar ese negocio o empresa que se desea.
   D. Creer en nuestras propias habilidades y empezar ese negocio o empresa que se desea.

Cada pregunta vale 20 puntos, en la escala del uno al cien, por tanto, si contestaste bien, por ejemplo, tres preguntas, tu nivel de comprensión es del 60% (3X20=60).

"Vale más actuar exponiéndose a arrepentirse de ello, que arrepentirse de no haber hecho nada."

Giovanni Boccaccio
Escritor y humanista italiano

Orientación y motivación para el emprendimiento

A la hora de emprender, existen muchos factores que condicionan y coaccionan directa o indirectamente tus gustos: la familia, el sistema educativo, los medios de comunicación, la cultura, la rentabilidad, etc.

Emprender no se limita solamente a un negocio o empresa comercial, sino que toda persona que inicia una actividad, por ejemplo una carrera universitaria, un noviazgo, un curso de deportes, un viaje, etc., ya es un emprendedor y necesita de ciertos factores que le garanticen el éxito en su emprendimiento.

No obstante lo anterior, en este curso de orientación y motivación para el emprendimiento hablaremos de emprender como si se tratase únicamente de una empresa o negocio, pero no debes olvidar que estos principios los puedes aplicar a todos los ámbitos y proyectos de tu vida.

Este curso de orientación y motivación para el emprendimiento consta de 10 pasos fundamentales y sencillos, que de ser seguidos conscientemente te ayudarán a tener éxito en tu actividad cualquiera que ésta fuere.

Cita

"Es fácil tener confianza en ti mismo y disciplina cuando eres un triunfador, cuando eres el número uno. Lo que necesitas es tener confianza y disciplina cuando todavía no eres un ganador."

Vincent Lombardi
Entrenador de fútbol americano

Primer paso: Conócete a ti mismo, ¿qué es lo que más te gusta hacer?

Lo primero que debes hacer para emprender es conocerte a ti mismo. ¿Qué es lo que en verdad te gusta hacer? ¿Con quién te gusta pasar el tiempo? ¿Cuáles lugares son los que más te atraen? ¿En qué área te sientes más cómodo y disfrutas sin aburrirte? Etc.

El primer paso de todo emprendedor debe ser primero conocer sus fortalezas y debilidades, pero sobre todo sus gustos e inclinaciones. El mayor **secreto del éxito** no está en lo que las personas hacen sino en lo que las motiva para hacerlo.

Es importante conocerte a ti mismo y saber qué es lo que te mueve en mayor medida. De esta manera podrás fijarte metas, hacer proyectos, asumir retos, alimentar ilusiones.

Creer en ti mismo significa saber lo que puedes dar, lo que te hace único y tener la plena libertad para ser tú mismo. Para ello es vital identificar tus virtudes y tus necesidades.

El entusiasmo en el trabajo, o en cualquier proyecto, se genera tratando de realizar actividades que te resulten satisfactorias. Tienes que tratar de trabajar a gusto, desarrollando una actividad en la que además de ganar dinero, te permita obtener satisfacción personal. Enfócate en lo que quieres, en lo que realmente deseas para ti.

Para ayudarte un poco en la tarea de descubrir tus gustos o inclinaciones, y de esta manera motivarte a emprender tu proyecto de vida, hemos incluido un test de inclinación profesional en cada paso de este curso de orientación y motivación para el emprendimiento, en total 10. Desarrolla sinceramente cada uno, así pienses que esa área no es la tuya. Te sorprenderás con lo que puedes encontrar.

Observa con atención qué tienen en común los tres tests con los cuales te identificaste más y cómo podrían ellos encajar en una sola carrera o profesión.

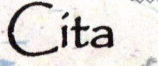

"Es necesario correr riesgos, sólo entendemos a la vida cuando dejamos que suceda lo inesperado."

Anónimo

El siguiente test es el primer paso para nuestro curso de emprendimiento, responde cada pregunta honestamente y conocerás tus verdaderos potenciales:

Test número uno
¿Eres deportista?

1. Me gusta trabajar mi capacidad física. V F
2. Me atraen los deportes. V F
3. La materia que más me gusta es educación física. V F
4. Me gusta estar en buen estado físico. V F
5. Frente a otras actividades, disfruto más las que involucran movimiento o actividad física. V F
6. Me gusta la actividad física, necesito estar en constante movimiento para realizar mis actividades. V F
7. Soy muy bueno en algún deporte, y todos mis amigos y profesores me lo han dicho. V F
8. Sueño con ser el mejor en algún deporte. V F
9. Una de las personas que más admiro es deportista. V F
10. Me gusta tener amigos deportistas. V F

Si contestaste afirmativamente a mínimo cinco enunciados, tienes potencial para ser deportista. Si contestaste afirmativamente a más de siete, definitivamente deberías inclinarte por ese deporte que te gusta, más aún si contestaste afirmativamente a los diez enunciados anteriores.

En esta categoría clasifican casi todos los deportes.

> **Cita**
>
> "Si tus acciones inspiran a otros a soñar más, a aprender más, a hacer más y a ser mejores, eres un líder."
>
> **Jack Welch**
> **Presidente de General Electric**

TÉCNICA DE LECTURA NÚMERO 1:
¿Cómo leemos?

Nos enseñaron a leer primero las letras, después las sílabas y finalmente las palabras. Hemos adquirido un hábito de lectura lineal en el que nuestros ojos van realizando pequeños saltos y breves paradas en distintos puntos, desplazando nuestros ojos de izquierda a derecha y leyendo una sílaba tras otra hasta formar palabras y frases.

Por ejemplo, para leer la palabra **"automáticamente"** nuestros ojos recorren la palabra de izquierda a derecha deteniéndose en cada sílaba:

au-to-má-ti-ca-men-te
 1   2   3   4   5   6   7

Si lees la palabra **au-to-má-ti-ca-men-te** en la forma tradicional, tu mente tendrá que utilizar, en este caso, siete tiempos. Si lees la misma palabra empleando la técnica de visión focal, tu mente utilizará un solo tiempo. Imagina que es una imagen y no una palabra, no trates de leerla, ni entender su significado, solamente mírala con un solo golpe de vista fijando tu visión en la palabra completa:

Automáticamente
1

Con un poco de entrenamiento podrás leer conjuntos de palabras con mayor facilidad, como si fueran imágenes, estimulando tu capacidad visual y ampliando tu campo de visión periférica. Debes entrenar tus ojos diariamente, durante una semana, con los ejercicios 1, 2 y 3, hasta que puedas ver cada palabra como un todo, y no como una composición de varias sílabas. Pero primero debes hacer los cuatro Ejercicios Preparatorios.

Para ampliar tu percepción periférica, y tu campo de visión central primero vamos a ejercitar tus músculos oculares. Para tal efecto, antes de hacer cualquier ejercicio propuesto en las diferentes técnicas, debes hacer siempre, por lo menos una vez cada uno, los siguientes Ejercicios Preparatorios. Haz cada ejercicio preparatorio sosteniendo el libro a una distancia mayor de lo normal, de tal forma que puedas ver toda la página sin mover los ojos o la cabeza. Recuerda que tus ojos tienen músculos y, al igual que cuando vas a correr, nadar, o practicar cualquier deporte en donde se involucre actividad muscular, primero debes calentar los músculos a utilizar. Aún los cantantes primero calientan las cuerdas vocales (que también son músculos) antes de empezar a cantar. También, antes de hacer cada uno de los ejercicios de las diferentes técnicas usando tu Software de Lectura Dinámica, debes primero hacer los Ejercicios de Preparación que aparecen en las opciones de tu software.

Cita

"La sabiduría comienza donde termina el conocimiento."

Anónimo

Ejercicio preparatorio 1

Con este ejercicio prepararás tus ojos para moverse rápidamente de izquierda a derecha. Busca la secuencia correcta empezando por la "a", luego la "b", después cada letra, y luego cada número en secuencia lógica. No mires cada columna por separado, sino las dos columnas de la secuencia al mismo tiempo. Debes tratar de no mover los ojos, de columna a columna, mucho menos la cabeza, sino tratando que con un solo enfoque de visión puedas leer las dos letras o dos números con una sola fijación. Luego vas bajando la mirada a la siguiente fila (por ejemplo, después de la fila "a b" bajas a la fila "c d" y así sucesivamente. Para empezar, enfoca tu visión en el centro de la página y no muevas tu cabeza de esa posición hasta que termines el ejercicio.

35					36
37	1			2	38
39	3			4	40
41	5	a	b	6	42
43	7	c	d	8	44
45	9	e	f	10	46
47	11	g	h	12	48
49	13	i	j	14	50
51	15	k	l	16	52
53	17	m	n	18	54
55	19	ñ	o	20	56
57	21	p	q	22	58
59	23	r	s	24	60
61	25	t	u	26	62
63	27	v	w	28	64
65	29	x	y	30	66
67	31	z		32	68
69	33			34	70
71					72

Cita

"Para viajar lejos, no hay mejor nave que un libro."

Emily Dickinson
Poeta estadounidense

Ejercicio preparatorio 2

Con este ejercicio prepararás tus ojos para moverse rápidamente de arriba a abajo. Al igual que en el ejercicio anterior, busca la secuencia correcta empezando por la "A", luego la "B", después cada letra, y luego cada número en secuencia lógica. No mires cada FILA por separado, sino las dos filas de la secuencia al mismo tiempo. Debes tratar de no mover los ojos, de columna a columna, mucho menos la cabeza, sino tratando que con un solo enfoque de visión puedas leer las dos letras o dos números con una sola fijación. Luego vas avanzando la mirada a la siguiente columna (por ejemplo, después de la columna "A   B" pasas a la columna "C   D" y así sucesivamente. Para empezar, enfoca tu visión en el centro de la página y no muevas tu cabeza de esa posición hasta que termines el ejercicio.

10	12	14	16	18	20	22	24	26	28	30	32
	P	R	T	V	X	Z	2	4	6	8	
		A	C	E	G	I	K	M	Ñ		
		B	D	F	H	J	L	N	O		
	Q	S	U	W	Y	1	3	5	7	9	
11	13	15	17	19	21	23	25	27	29	31	33

Cita

"Trabajar bien es el secreto del progreso. Porque la fe puede mover montañas, pero únicamente el trabajo arduo puede hacer que las atraviese un túnel. El mundo no le exige que sea médico, abogado, agricultor o comerciante, pero sí le exige que cualquier cosa que emprenda, la desempeñe bien, con todas sus fuerzas y con toda la capacidad que posee. Le exige que sea maestro en su especialidad."

Orison Swett Marden
Escritor inglés de libros de autoayuda, fundador de la revista Success

Ejercicio preparatorio 3

Con este ejercicio prepararás tus ojos para expandir la visión periférica. Debes tratar de mantener la mirada fija en la letra central, pero mirando simultáneamente a las otras dos letras. Por ejemplo, en el primer ejercicio la palabra aro, fue desordenada de la siguiente manera: rao, debes mirar siempre con tu visión fija en la letra central, es decir, en este caso la a, luego sin quitar la vista de la letra a debes mirar la letra r y en ese orden casi simultáneamente, la letra o. Todo esto debe suceder con un solo golpe de vista, a la vez que pronuncias en voz alta la palabra que se formó. Cuando lees normalmente no debes pronunciar ni mentalmente ni menos en voz alta, pero para el caso de este ejercicio sí es necesario que lo hagas. En este ejercicio avanzarás por filas, es decir de arriba hacia abajo. Primero lees la palabra aro, y luego la palabra bar, después la palabra cal, etc.

r	a	o
a	b	r
a	c	l
o	d	n
s	e	a
e	f	a
e	g	l
o	h	y
r	i	a
e	j	t
i	k	a
u	l	z
i	m	o
o	n	s
s	o	a
e	p	z
u	q	e
i	r	o
o	s	y
a	t	n
v	u	a
i	v	a
e	w	b
e	y	n
a	z	r

"Si quieres aprender, enseña."

Marco Tulio Cicerón
Escritor, filósofo y político romano

Ejercicio preparatorio 4 ● ●

Con este ejercicio continuarás preparando tus ojos para expandir la visión periférica. Es el mismo procedimiento del ejercicio anterior, pero esta vez a dos columnas y con mayor espacio entre cada letra. Recuerda que debes mirar siempre con tu visión fija en la letra central, sin quitar la vista de esta letra mientras miras simultáneamente las otras dos. Lee primero la palabra de la columna de la izquierda (aro) y luego la palabra de la columna de la derecha (zar), continúa luego con la siguiente fila (ira) y así sucesivamente. Trata de hacerlo en el menor tiempo posible con un solo golpe de vista repitiendo cada palabra en alta voz.

r	a	o		a	z	r
r	i	a		i	v	a
s	o	a		i	r	o
e	f	a		o	h	y
u	l	z		o	s	y
a	b	r		v	u	a
e	w	b		a	c	l
s	e	a		a	t	n
o	d	n		o	n	s
e	g	l		i	k	a
u	q	e		e	j	t
i	m	o		e	p	z

Cita

"La felicidad es un artículo maravilloso: cuanto más se da, más le queda a uno."

Blaise Pascal
Matemático, físico, filósofo católico y escritor francés

EJERCICIO NÚMERO UNO

Lee cada palabra como si fuera una imagen, es decir, trata de no leer sílaba por sílaba. Haz lo mismo en el ejercicio dos y tres. Vuelve a leer cada historia, aplicando la misma técnica, por lo menos tres veces. Luego haz los mismos ejercicios desde el software en tu tablet, celular o computador. Contesta las preguntas de comprensión y verifica tu puntuación.

El águila y el cuervo

Lanzándose una un arrebató un

La un y de al se sobre carnero, con mal en arte sus se en lana, batiendo máximo alas logró desde cima, águila a corderito.

vio cuervo tratando imitar águila, lanzó un pero tan conocimiento el que garras enredaron la y al sus no soltarse.

Cita "Para ser irreemplazable, usted siempre debe ser diferente."

Coco Chanel
Diseñadora de modas y creadora de perfumes francesa

Viendo el pastor lo que sucedía, cogió al cuervo, y cortando las puntas de sus alas, se lo llevó a sus niños.

Le preguntaron sus hijos acerca de qué clase de ave era aquella, y les dijo: -Para mí, sólo es un cuervo; pero él, se cree águila.

Moraleja: pon tu esfuerzo y dedicación en lo que realmente estás preparado, no en lo que ves hacer a otros. Lo más importante antes de dedicarte a una profesión es reconocer tus debilidades y tus fortalezas.

Cita

LIDERAZGO- "¿Es el liderazgo la capacidad de convertir visiones en realidad?" (**Warren G. Bennis, docente de administración de empresas y escritor estadounidense**) - Hay dos opciones si aspiras a ser un líder, en cualquier actividad que desarrolles. Una de ellas es pertenecer al reducido núcleo de personas que ya traen, de manera innata, condiciones de líder -las cuales se ven reflejadas desde la infancia-, y la otra es aprender a serlo.

Ahora verifica tu comprensión lectora:

1. **Al cortar el pastor las alas del cuervo, este último...**
   A. Se volvió un águila
   B. No pudo volar
   C. Murió
   D. Se convirtió en la comida de los corderos

2. **¿Qué le faltaba al cuervo?:**
   A. Clases de vuelo
   B. Orgullo
   C. Cortarse las uñas
   D. Conocerse a sí mismo

3. **¿De qué no se percató el cuervo cuando imitó al águila?**
   A. De que debía atrapar a un cordero en lugar de un carnero.
   B. De que él no tenía las mismas habilidades y conocimiento que el águila.
   C. De que no debía batir sus alas a la hora de atrapar a su presa.
   D. De que había un pastor cerca del carnero.

4. **En términos empresariales ¿por qué podría fracasar un proyecto en manos de una persona con actitudes como las del cuervo?**
   A. Por imitar las ideas de otros sin tener en cuenta las capacidades y debilidades propias.
   B. Por tratar de robarle los clientes a la competencia.
   C. Por volar más alto que la competencia.
   D. Por no tener en cuenta las debilidades de la competencia.

5. **Empresarialmente, el carnero es un símil de:**
   A. La empresa
   B. Los planes de negocio
   C. El mercado
   D. Los empleados

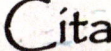

Cita

"No sé cuál es la clave del éxito, pero la clave del fracaso es intentar agradar a todo el mundo."

Oscar Wilde
Dramaturgo y novelista irlandés

EJERCICIO NÚMERO DOS

Adopción

La profesora estaba estudiando con su grupo de primer grado la fotografía de una familia.

En la fotografía había una niña que tenía el cabello de color diferente al resto de los miembros de la familia.

Uno de los niños del grupo sugirió que la niña de la fotografía era adoptada.

Cita

"¿Está trabajando en una compañía y quiere progresar dentro de ella? Entonces tome todas las decisiones como si usted fuera el dueño de la empresa."

Robert Townsend
Presidente ejecutivo de Avis Rent a Car

Entonces, otro niño del grupo le dijo: "Yo sé todo de adopciones porque soy adoptado"

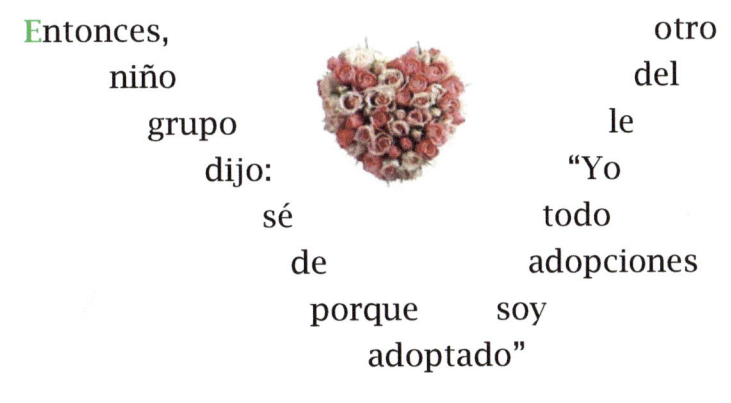

¿Qué significa ser adoptado? Preguntó una niña. "Significa" -dijo el niño- "que tú creces en el corazón de tu mamá en lugar de crecer en su vientre".

Moraleja: cuando adoptes una idea de negocio, ésta debe nacer primero en tu corazón, no en tus bolsillos.

Cita

"Existen ciertos factores constantes que se encuentran en el verdadero éxito. Un primer factor es el PROPÓSITO. Una persona debe saber que en cualquier cosa que haga avanza en dirección a una meta. El peor enemigo del éxito es ir a la deriva. Difícilmente podemos sentir que hemos alcanzado el éxito en medio de un pantano. Otro ingrediente del éxito es el PRECIO del mismo. No hay ningún éxito GRATUITO…"

Howard Whitman
Autor de libros sobre liderazgo

Ahora verifica tu comprensión lectora:

1. **¿Por qué creyeron que la niña de la fotografía era adoptada?**
   A. Porque su cabello era diferente al de los demás.
   B. Porque sus facciones no eran similares a las de los demás.
   C. Porque el niño dijo que él vivía una situación similar.
   D. Porque la profesora estaba hablando sobre adopción en clase.

2. **La actitud que el niño tiene acerca de ser adoptado es...**
   A. Positiva
   B. Negativa
   C. Indiferente
   D. Defensiva

3. **¿Por qué el niño sabía todo acerca de las adopciones?**
   A. Porque era amigo de la niña de la foto.
   B. Porque había investigado sobre adopción antes de la clase.
   C. Porque él era adoptado.
   D. Porque le gustaba la adopción.

4. **En términos empresariales, ¿cuál es el significado de adopción?**
   A. Es desarrollar la planta física dentro del corazón de la ciudad.
   B. Es amar la idea o proyecto como una madre ama a su hijo.
   C. Es amar el capital de trabajo como a un hijo propio.
   D. Es tener un proyecto diferente de todos los demás.

5. **¿A qué se refiere la palabra "bolsillos" en la moraleja?**
   A. Al dinero que se tiene disponible.
   B. A un espacio en el pantalón para guardar objetos pequeños.
   C. Al patrimonio que se puede tener a futuro.
   D. A pequeños vasos sanguíneos dentro del corazón.

Cita

"La habilidad es lo que eres capaz de hacer. La motivación determina lo que harás. La actitud determina lo bien que lo harás."

Lou Holtz
Entrenador de fútbol americano retirado y orador motivacional

EJERCICIO NÚMERO TRES

El águila y la flecha

Estaba asentada un águila en el pico de un peñasco esperando por la llegada de las liebres.

Mas la vio un cazador, y lanzándole una flecha le atravesó su cuerpo.

Viendo el águila entonces que la flecha estaba construida con plumas de su propia especie exclamó: - ¡Qué tristeza terminar mis días por causa de mis plumas!

Moraleja: más profundo es nuestro dolor cuando nos vencen con nuestras propias armas.

Cita

"Un hombre inteligente no es el que tiene muchas ideas, sino el que sabe sacar provecho de las pocas que tiene."

Anónimo

Ahora verifica tu comprensión lectora:

1. **¿Cuál de los siguientes es un refrán que puede ser aplicado a la historia?**
   A. Ir por lana y volver trasquilado.
   B. No por mucho madrugar, amanece más temprano.
   C. Dime qué comes y te diré quién eres.
   D. A caballo regalado no se le mira el colmillo.

2. **La frase "terminar mis días", significa que:**
   A. El cazador iba a tener al águila enjaulada por siempre.
   B. El águila iba a morir.
   C. El águila iba a dedicar su vida a algo diferente.
   D. El cazador había terminado con las plumas de las águilas.

3. **Águila es a liebre como...**
   A. Vaca es a toro.
   B. Plancton es a ballena.
   C. Leona es a cebra.
   D. Maíz es a gallina.

4. **Empresarialmente, las plumas del águila pueden ser una analogía de...**
   A. Sus posesiones
   B. Sus defectos
   C. Sus estrategias
   D. Sus características físicas

5. **En términos empresariales los cazadores son...**
   A. Las liebres
   B. Las plumas
   C. Los clientes
   D. La competencia

 **Cita**

"El éxito va ligado a la unión de fuerzas e ideas. De allí parte el beneficio y desarrollo de todas las comunidades."

Juan Guillermo Arenas Marín
Escritor y pensador

PRIMERA APLICACIÓN

A partir de ahora, después de cada técnica, encontrarás una lectura que evaluará tu incremento de velocidad. Empezaremos por una fábula de 100 palabras e iremos incrementando de 100 en 100. Para esta evaluación debes usar un cronómetro o un reloj con segundero y pedir a tu compañero que te cronometre el tiempo. Tan pronto llegues a un minuto debes detenerte y verificar cuántas palabras leíste en ese lapso de tiempo. Luego lee la moraleja y responde las preguntas de comprensión lectora. Después de haber leído la aplicación ve al software de Lectura Dinámica y entra al link Primera Aplicación y haz la lectura desde allí. Luego contesta las preguntas de comprensión lectora.

Lee la siguiente fábula en un minuto, usando la técnica aprendida, es decir sin leer sílaba por sílaba cada palabra, sino reconociendo cada palabra como si fuera una imagen.

Bilingüismo

100 palabras

Una mañana un gato perseguía dos ratones, pero estos más[10] rápidos lograron refugiarse en un pequeño hueco, mientras el gato[20] esperaba afuera - "Miau, miau, miauuu" -maullaba.

"Ojo, ahí está el[30] gato" - murmuraban los ratones.

Luego escucharon ladrar un perro - "Guau[40], guau, guau"

Cita — "La mejor forma de hacer tus sueños realidad es despertar."

Paul Valery
Escritor francés

- dijo entonces uno al otro "Llegó un perro[50], seguro ahuyentó al gato, corramos hacia nuestra ratonera".

¡Qué sorpresa[60] cuando los dos ratoncitos vieron afuera al gato! esperándoles, listo[70] para el banquete. Rápidamente estiró sus garras y los atrapó[80]. Y mientras disfrutaba su banquete, decía: "**Hoy en día quien**[90] **no hable** al menos dos idiomas se muere de hambre[100]".

Moralejas:
- La necesidad obliga a ser recursivos.
- Cuidemos de manejar al menos una lengua extranjera, además de la nativa.

Cita

TONOS DE VOZ- "Nunca juzgo a un hombre por lo que dice, sino por el tono con que lo dice" (**Charles Peguy, filósofo y escritor católico**) - Cuando comunique un mensaje y pretenda ser escuchado, no debe manejar su voz con un estilo monótono, gris o carente de variantes. Debe modularla a voluntad.

Ahora verifica tu comprensión lectora:

1. **La idea principal en esta historia es:**
    A. La vida es cuestión de buena o mala suerte.
    B. Somos responsables del desarrollo de nuestras propias capacidades.
    C. Los gatos hablan más de un idioma.
    D. La ley de supervivencia es lo que rige al mundo.

2. **El gato de la historia representa a:**
    A. Una persona creativa
    B. Un líder con buenas relaciones personales
    C. El compañero amistoso
    D. Un jefe convincente

3. **Los personajes incluidos en esta historia:**
    A. Un gato, un perro y dos ratones
    B. Un gato y dos ratones
    C. Un ratón, dos gatos y un perro
    D. Dos ratones, un loro y un perro

4. **Un refrán que no está contemplado en esta historia es:**
    A. Quien se encuentra un amigo encuentra un tesoro.
    B. Quien ríe de último, ríe mejor.
    C. Quien sabe esperar, sabe lograr.
    D. Quien se apura, su muerte apresura.

5. **Aplicando esta enseñanza al emprendimiento empresarial podemos decir que:**
    A. Al empezar un negocio o empresa no hay que esperar a que la oportunidad se presente.
    B. Debemos creer en nuestras propias habilidades y usarlas para empezar el negocio o empresa que deseamos.
    C. En tiempos difíciles es mejor buscar pronto dónde refugiarnos.
    D. Es importante ser buenos negociantes.

Cita

NEGOCIACIÓN- "El saber y la razón hablan, la ignorancia y el error gritan" **(Arturo Graf, poeta italiano)** - En este mundo competitivo, cambiante, globalizado, permanentemente estamos negociando.

Segundo paso: Conocimiento del Medio Natural, Social y Cultural en el que vives

Después de conocerte a ti mismo y encontrar qué es lo que más te gusta o te gustaría hacer, el conocer tu vecindario, tu ciudad, tu departamento o provincia y tu país, te ayudará a ser un mejor emprendedor. Lo primero que debes hacer es identificar los principales elementos de tu entorno natural, social y cultural, determinando qué necesidades existen, que no estén siendo suplidas.

Para conocer tu vecindario sólo necesitas dedicarte unos días a pasear sin prisa, deteniéndote unos momentos frente a cada negocio que encuentres y formulándote las siguientes preguntas:

1. ¿En qué consiste específicamente este negocio?
2. ¿Me gusta este tipo de negocio?
3. ¿Qué le falta a este negocio para ser más exitoso?

Para conocer tu ciudad necesitas salir con un amigo o amiga, o un familiar tuyo con quien te guste salir y tomar alguno de los medios de transporte que existan en tu ciudad o municipio. Mientras viajas por tu ciudad o municipio, observa por las ventanas del vehículo y fíjate en los diferentes tipos de negocios que existen. Formúlate las siguientes preguntas.

1. ¿Qué negocio conoces y no viste durante el o los recorridos?
2. ¿Te gustaría que ese negocio que no viste fuera implementado por alguien?
3. ¿Crees que tú podrías hacerlo?

Cita

"Por la calle del "Después" se llega a la plaza del "Nunca"."

Luis Coloma
Escritor y sacerdote español

Para conocer tu país, puedes hacerlo en tus vacaciones. Pero mientras tanto, puedes utilizar Internet, buscando los mejores lugares turísticos, las ciudades capitales y su principal actividad económica, principales festividades, necesidades, etc. Haz lo mismo con las ciudades secundarias.

Lo más importante es también conocer otros países, qué negocios o empresas están siendo exitosas y preguntarte si ese mismo negocio o idea sería bien recibido en tu país.

Identifica tres necesidades suplidas que hayas visto en otros vecindarios, en otras ciudades y en otros países y que tal vez no estén siendo suplidas en tu entorno. Escríbelas en la siguiente tabla:

Entorno	Necesidad que está siendo suplida	Necesidad que no está siendo suplida
En mi barrio Ejemplo:	Venta de leche	Venta de leche a domicilio
1.		
2.		
3.		
En mi ciudad Ejemplo:	Transporte urbano en buses	Transporte en metro
1.		
2.		
3.		
En mi país Ejemplo:	Sistema de Internet banda ancha	Banda ancha de más capacidad y más económica
1.		
2.		
3.		

Ahora piensa:
1. ¿Cómo suplirías tú esas necesidades no cubiertas?
2. ¿Si fueras gobernante o empresario qué harías?

Cita

"El éxito tiene muchos padres, pero el fracaso es huérfano."

John Boyle O'Reilly
Poeta y novelista irlandés

Test número dos
¿Eres artista?

1. Soy muy sensible, percibo todo lo que viene del ambiente en que estoy. [V] [F]

2. Me gusta jugar con la imaginación o las sensaciones y expresarlas en mi propia forma, ya sean las letras, el dibujo, la música o la expresión corporal. [V] [F]

3. Prefiero actividades que requieran de imaginación e intuición. [V] [F]

4. Me conmuevo con facilidad. [V] [F]

5. Valoro la creatividad estética ya sea en la palabra, la imagen, una melodía, un ritmo. [V] [F]

6. Me gusta expresar emociones. [V] [F]

7. Me gusta o me gustaría, tocar un instrumento musical y/o cantar. [V] [F]

8. Puedo permanecer largo rato observando o participando del ensayo de una interpretación musical. [V] [F]

9. Frecuentemente llevo el ritmo con las manos, los pies o a veces utilizo objetos como instrumentos para seguir ritmos musicales. [V] [F]

10. Todo mi sentir está asociado a la música. Un sentimiento, un estado de ánimo, o un ambiente, siempre me están sugiriendo una melodía, o un ritmo. [V] [F]

11. Para mí siempre han sido entretenidas las clases de artes plásticas, o de música o de algún otro arte. [V] [F]

Cita

"La calidad nunca es un accidente; siempre es el resultado de un esfuerzo de la inteligencia."

John Ruskin
Escritor, crítico de arte y sociólogo británico

12. Tengo habilidad y paciencia al realizar trabajos minuciosos como construir una maqueta, reparar una figura decorativa, modelar en algún material, etc. ☐ V ☐ F

13. Me es fácil imaginar buenas combinaciones de colores, no necesito verlos, me basta con imaginármelos. ☐ V ☐ F

14. Me gusta mucho dibujar y pintar. ☐ V ☐ F

15. Me llama la atención ver una exposición de arte. ☐ V ☐ F

16. Me atrae la fotografía artística. ☐ V ☐ F

17. Para mí, las sensaciones no pueden ser mejor expresadas que a través del color, la luz, la forma y la textura. ☐ V ☐ F

18. Soy detallista en la construcción o realización de algo. ☐ V ☐ F

19. Me gusta jugar a hacer presentaciones artísticas, cantar, bailar, etc. ☐ V ☐ F

20. No me incomoda disfrazarme, por el contrario, me gusta. ☐ V ☐ F

Si contestaste afirmativamente como mínimo a diez enunciados, tienes potencial para ser artista. Si contestaste afirmativamente a más de doce, definitivamente deberías inclinarte por alguno de los artes que más te gustan, más aún si contestaste afirmativamente a los veinte enunciados anteriores.

En esta categoría clasifican los músicos, escultores, bailarines, fotógrafos, pintores, actores, actrices, cantantes, dibujantes, ilustradores, etc.

Cita

"El fracaso es, a veces, más fructífero que el éxito."

Henry Ford
Fundador de Ford Motor Company

TÉCNICA DE LECTURA NÚMERO 2:
El Campo Visual

El '**Campo Visual**' puede definirse como todo aquello que logra observarse al detener la mirada en un Punto de Fijación. Nuestros ojos poseen dos tipos de visión: una **central** y otra lateral o **periférica**.

La visión central es limitada y por tanto, es muy corta.

La visión periférica tiene una amplitud angular más grande; casi 180°. En la lectura debemos aprovechar al máximo los dos tipos de visión.

El foco central sólo precisa del **20%** de la función cerebral visual, mientras que el foco periférico utiliza el **80%**.

Experimenta por ti mismo/a qué es el campo de percepción visual.

Extiende tus brazos hacia los costados, a la altura de los hombros, tratando de que formen una línea recta perpendicular con tu cuerpo. Mira fijamente hacia algún punto en frente de ti. En esta posición, rota ligeramente tus muñecas dando movimiento a tus manos. ¿Notas que este movimiento puede ser captado por tu vista, aun con tus ojos fijos hacia el frente? Son precisamente los **180° de visión periférica** que tienen nuestros ojos los que nos dan esta posibilidad.

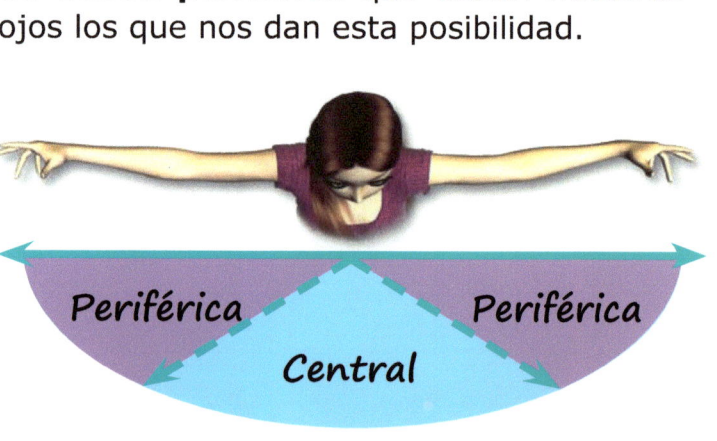

Cita

"El hombre planea... Dios se ríe."

Anónimo

Veamos un ejemplo de lectura lenta basada en la visión central con fijaciones muy cortas. Lee la siguiente frase palabra por palabra:

Si	ganas	el	éxito,	disfrútalo.	Pero	si	te	toca	la	derrota,	afróntala.
1	2	3	4	5	6	7	8	9	10	11	12

Leer palabra por palabra equivale a hacer una fijación por cada una. La velocidad de lectura no pasará de 150 palabras por minuto. En este caso, has hecho 12 fijaciones.

Ahora veamos un ejemplo de iniciación a lectura dinámica basada en la visión central pero con fijaciones más largas. Lee la siguiente frase tratando de mirar al ojo encima de cada grupo de palabras, como si cada grupo fuera una imagen:

Si ganas	el éxito,	disfrútalo.	Pero si te	toca la	derrota, afróntala.
1	2	3	4	5	6

Ahora se han hecho sólo seis fijaciones, es decir, se ha duplicado tu velocidad de lectura.

Con los siguientes ejercicios **ampliarás el foco de visión central** y utilizarás también el **campo de visión periférica** para obtener una mayor velocidad de Súper Lectura Dinámica comprensiva. Empezaremos a ampliar nuestro campo de fijación para **percibir grupos de palabras**.

Para ejercitar tu percepción periférica sostén el material de lectura a una **distancia mayor de la normal**. Al hacerlo, permitirás que tu visión periférica vea con mayor claridad la totalidad de la página mientras lees.

Recuerda que primero debes hacer los seis Ejercicios Preparatorios de las páginas 13, 14, 15, 16, 17 y 18.

Cita

"Lo realmente importante no es llegar a la cima; sino saber mantenerse en ella."

Gabriel García Márquez
Escritor y periodista colombiano

EJERCICIO NÚMERO CUATRO

Para los ejercicios cuatro, cinco y seis, debes mirar dos palabras simultáneamente, como si se tratara de una sola imagen junto con el ojo que aparece encima de ellas. Después debes hacer los mismos ejercicios desde el software de Lectura Dinámica.

El jardín descontento

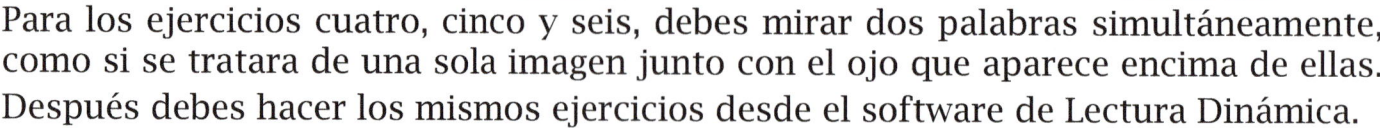

Un rey fue hasta su jardín y descubrió que sus árboles, arbustos y flores se estaban muriendo. El roble le dijo que se moría porque no podía ser tan alto como el pino. Volviéndose al pino, lo halló caído porque no podía dar uvas como la vid. Y la vid se moría porque no podía florecer como la rosa. La rosa lloraba porque no

---

Cita

CAPACITACIÓN EN LECTURA - "La lectura es a la inteligencia lo que el ejercicio es al cuerpo" (**Richard Steele, escritor y político irlandés**) - El hombre tiene capacidades innatas pero también están las adquiridas, y es en este rubro donde tenemos la responsabilidad de crecer, en incesante y eterna búsqueda.

podía ser sólida como Entonces encontró una fresa, más fresca El rey es que en medio jardín mustio —No lo sea porque que cuando querías fresas. querido un una rosa, plantado. En me dije: fresa de manera que alta y el roble. una planta, floreciendo y que nunca. preguntó: —¿Cómo creces saludable de este y sombrío? sé. Quizás siempre supuse me plantaste, Si hubieras roble o los habrías aquel momento "Intentaré ser la mejor yo pueda."

Moraleja: no hay posibilidad de que seas otra persona así que aprovecha tus cualidades al máximo y florece siendo tú mismo.

Cita

INNOVAR DENTRO DEL ÉXITO- "Las ideas son capitales que sólo ganan intereses entre las manos del talento" (**Conde de Rivarol, escritor y periodista de origen italiano**) - Podríamos enumerar decenas de ejemplos de personalidades que, combinando creatividad con disciplina, y a pesar de los escollos que debieron sortear, dejaron huellas imborrables en sus respectivas profesiones.

Ahora verifica tu comprensión lectora:

1. **¿Cuál de los siguientes refranes podría reflejar lo que sucede en la historia?**
   A. Quien a buen árbol se arrima, buena sombra le cobija.
   B. El pasto siempre es más verde del otro lado.
   C. Hijo de tigre sale pintado.
   D. Cría cuervos y te sacarán los ojos.

2. **¿Cuál era la razón para que las plantas se estuvieran muriendo?**
   A. El jardín era un lugar sombrío.
   B. El rey no cuidaba de ellas.
   C. No estaban conformes con lo que eran.
   D. Todas querían ser como la fresa.

3. **La fresa es el reflejo de una persona...**
   A. Segura
   B. Triste
   C. Pedante
   D. Chismosa

4. **En términos empresariales, ¿qué enseñanza deja esta fábula?**
   A. Todos queremos ser como otros.
   B. Todos tenemos defectos.
   C. Todos tenemos debilidades y fortalezas.
   D. Todos somos emprendedores.

5. **¿Qué no enseña esta fábula, hablando empresarialmente?**
   A. A conocer las debilidades y fortalezas.
   B. Que todos tenemos talentos.
   C. A ser conformistas.
   D. A ser seguros de lo que somos.

Cita

"La mitad de nuestras equivocaciones nacen de que cuando debemos pensar, sentimos, y cuando debemos sentir, pensamos."

Proverbio inglés

EJERCICIO NÚMERO CINCO

El águila, la liebre y el escarabajo

Estaba una liebre siendo perseguida por un águila, y viéndose perdida pidió ayuda a un escarabajo, suplicándole que le salvara. Le pidió el escarabajo al águila que perdonara a su amiga. Pero el águila, despreciando la insignificancia del escarabajo, devoró a la liebre en su presencia.

Desde entonces, buscando vengarse, el escarabajo observaba los lugares donde el águila ponía sus huevos, y haciéndolos rodar, los tiraba a tierra. Viéndose el águila echada

> "Los hombres no viven juntos porque sí, sino para acometer juntos grandes empresas."
>
> José Ortega y Gasset
> Filósofo y ensayista español

del lugar a donde quiera que fuera, recurrió a Dios pidiéndole un lugar seguro para depositar sus futuros pequeñuelos. Le ofreció Dios colocarlos en su regazo, pero el escarabajo, viendo la táctica escapatoria, hizo una

bolita de barro, voló y la dejó caer sobre el regazo de Dios. Se levantó entonces Dios para sacudirse aquella suciedad, y tiró por tierra los huevos sin darse cuenta. Por eso desde entonces, las águilas no ponen huevos en la época en que salen a volar los escarabajos.

Moraleja: nunca desprecies a tu competencia, aunque parezca insignificante, pues no hay competencia tan débil que no pueda alcanzarte.

Cita

ÉPOCA DE CRISIS- "Convierte las dificultades en ventajas" (**Dale Carnegie, empresario y escritor de libros de autoayuda**). "Un mar calmado no hace buenos marineros" (**proverbio inglés**) - No dejarse influenciar más de la cuenta por la crisis.

Ahora verifica tu comprensión lectora:

1. **El refrán que aplicó el escarabajo después de que muriera su amiga fue:**
   A. Ojo por ojo, diente por diente.
   B. No pagar mal por mal.
   C. No mires la paja en el ojo ajeno.
   D. El que esté libre de pecado que tire la primera piedra.

2. **¿Por qué el águila ignoró la súplica del escarabajo?**
   A. Porque no fue lo suficientemente convincente.
   B. Porque lo vio pequeño y sin importancia.
   C. Porque tenía hambre.
   D. Porque no era su amigo.

3. **¿Cuál era la causa por la cual el escarabajo tiraba a tierra los huevos del águila?**
   A. Quería hacer huevos fritos.
   B. Tenía ganas de saber si eran resistentes.
   C. Quería cuidarlos en su lugar de vivienda.
   D. Estaba vengando la muerte de la liebre.

4. **Esta fábula le enseña al emprendedor:**
   A. A fijarse en los grandes clientes.
   B. A echar a rodar los negocios.
   C. A no menospreciar a la competencia por insignificante que parezca.
   D. A vengarse de la competencia desleal.

5. **En un ámbito de negocios, los huevos del águila representan:**
   A. Las instalaciones de la empresa
   B. Los clientes
   C. Los productos
   D. Los empleados

> **Cita**
>
> "Si no lo puedes planear, menos aún lo vas a poder realizar."
>
> Anónimo

EJERCICIO NÚMERO SEIS

El picador de piedra

Un humilde picador de piedra anhelaba convertirse en un hombre rico y poderoso. Un buen día expresó en voz alta su deseo y cuál fue su sorpresa cuando vio que éste se había hecho realidad: se había convertido en un rico mercader. Esto lo hizo muy feliz hasta el día que conoció a un hombre aún más rico y poderoso que él. Entonces pidió ser como él y su deseo le fue también concedido. Al poco tiempo se enteró de que debido a su condición económica muchos querían secuestrarlo o extorsionarlo y sintió miedo.

Cita

"Los líderes no infligen dolor, lo soportan."

Max De Pree
Escritor y hombre de negocios estadounidense

Entonces vio cómo un fuerte samurái se protegía de sus enemigos y quiso convertirse en un respetado samurái, y así fue. Pero siendo un temido guerrero, otros guerreros más fuertes querían matarlo para convertirse así en los más poderosos sobre la tierra. Entonces, mirando al sol pensó: "él sí que es superior, y nadie puede hacerle daño porque siempre está por encima de todas las cosas. ¡Quiero ser el sol!". Cuando logró su propósito, tuvo la mala suerte de que una nube se interpuso en su camino entorpeciendo su visión y pensó que la nube era realmente más poderosa y deseó ser nube. Así, se convirtió en nube, pero al ver cómo el viento lo arrastraba con su fuerza, la desilusión fue insoportable.

Cita

"El cerebro no es un vaso para llenar, sino una lámpara para encender."

Mestrio Plutarco
Historiador, biógrafo y ensayista griego

Entonces decidió que quería ser viento. Cuando fue viento, observó que aunque soplaba con gran fuerza a una roca, ésta no se movía y pensó: ¡ella sí que es realmente fuerte: quiero ser una roca! Al convertirse en roca se sintió invencible porque creía que no existía nada más fuerte que él en todo el universo. Pero un día apareció un picador de piedra que tallaba la roca y empezaba a darle la forma que él quería pese a la voluntad de la roca. Esto lo hizo reflexionar y lo llevó a pensar que, en definitiva, su condición inicial no era tan mala y que deseaba de nuevo volver a ser el picador de piedra que era en un principio.

Moraleja: sé agradecido por quién eres, por mala que sea tu situación siempre habrá alguien queriendo estar en tu lugar.

Cita

"El que quiera hacer todo solo, jamás será un gran líder; tampoco el que quiera quedarse con todo el crédito por hacerlo."

Andrew Carnegie
Empresario y filántropo estadounidense

Ahora verifica tu comprensión lectora:

1. **¿Cuál de las siguientes es una enseñanza que se puede sacar de la historia?**
   A. Las nubes son más poderosas que el sol o que las personas.
   B. Todos los ricos tienen el riesgo de ser secuestrados.
   C. Nada de lo que vemos en la Tierra o desde ella es invencible.
   D. No es bueno ser un temido guerrero.

2. **¿Desde cuándo comenzó el picador de piedra a estar inconforme?**
   A. Desde que vio lo fuerte que era un samurái.
   B. Desde que empezó a querer ser como los demás.
   C. Desde que volvió a ser picador de piedra.
   D. Desde el principio de sus días.

3. **El ser roca hizo que el picador de piedra:**
   A. Supiera que las rocas son fuertes.
   B. Entendiera que él tenía cualidades como picador de piedra.
   C. Se diera cuenta de que las rocas tienen una vida muy aburrida.
   D. Viera que el viento no era tan poderoso como él pensaba.

4. **¿Cuál era el gran defecto del picador de piedra?**
   A. Que siempre anheló algo que no pudo obtener.
   B. Que era pobre y poco agraciado.
   C. Que veía las cualidades de los demás y no las suyas.
   D. Que no trabajó duro en toda su vida.

5. **Empresarialmente esta fábula nos enseña:**
   A. Que debemos desear para obtener.
   B. Que debemos conformarnos con lo que somos.
   C. Que el secreto del éxito está en disfrutar lo que se hace.
   D. Que no debemos ser conformistas.

Cita

"De todos los riesgos que he corrido, el único que no hubiera corrido nunca, es el de no haberlos corrido todos."

Ángeles Mastretta
Escritora y periodista mexicana

SEGUNDA APLICACIÓN

Lee en un minuto la siguiente fábula de 200 palabras, utilizando las técnicas aprendidas, es decir haciendo una fijación cada tres palabras, mirando fijamente al ojo encima de ellas como si estuvieras viendo una sola imagen. Luego, sin volver a leer el texto contesta las preguntas de la página 42, y haz la misma lectura de aplicación desde el software de Lectura Dinámica. Verifica tu puntuación contestando las preguntas de comprensión.

El oso perezoso, el tigre y la venta de empanadas

200 palabras

Había una vez un oso perezoso que vivía en un[10] lugar muy transitado de la selva, por allí pasaban los[20] leones cuando salían a hacer ejercicio, los gansos hacían sus[30] paseos por allí y muchos animales concurrían al lugar. Un día[40] el perezoso pensó: - Sería buen negocio poner aquí una venta[50] de empanadas, pues este es un lugar muy transitado y[60] concurrido. Al día siguiente al ver el perezoso la gran cantidad[70] de animales que pasaban por allí, pensó nuevamente: - Sería buen[80] negocio poner la venta de empanadas aquí, este es un[90] lugar muy transitado y concurrido. A la semana siguiente el perezoso[100] nuevamente se asomó

Cita   "Si quieres tener éxito, duplica tu porcentaje de fracasos."

Tom Watson
Fundador de IBM

y vio gran cantidad de animales pasando¹¹⁰ por allí y pensó nuevamente: - Sería buen negocio poner una¹²⁰ venta de empanadas aquí, ya que este es un lugar¹³⁰ muy transitado y concurrido.

A la semana siguiente el perezoso estaba¹⁴⁰ furioso, gritando y peleando con el tigre porque había puesto¹⁵⁰ un negocio de venta de empanadas justo en el lugar¹⁶⁰ donde él había pasado días pensando que sería bueno poner¹⁷⁰ este negocio; pero luego comprendió que lo único que podía¹⁸⁰ hacer era ver cómo el tigre prosperaba con el negocio¹⁹⁰ que él soñó, pero que no fue capaz de comenzar.²⁰⁰

Moralejas:
- Las ideas son tesoros que sólo hacen realidad aquellos que tienen emprendimiento.
- Camarón que se duerme, se lo lleva la corriente.

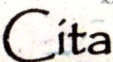

"Nunca emprenderíamos nada si quisiéramos asegurar por anticipado el éxito de nuestra empresa."

Napoleón Bonaparte
Militar y gobernante francés

Ahora verifica tu comprensión lectora:

1. **Identifica causa y efecto de la lectura:**
   A. El oso perezoso no comenzó el negocio porque existía el riesgo de sufrir un robo.
   B. Para los negocios hay que ser un tigre.
   C. El oso perezoso aplacó su ira contra el tigre porque comprendió que éste hizo realidad el negocio que él por perezoso nunca quiso comenzar.
   D. La venta de empanadas es un negocio esclavizante.

2. **¿Cuál de los siguientes elementos no es parte de la historia?**
   A. Leones
   B. Hormigas
   C. Selva
   D. Empanadas

3. **La lección más importante en la historia es:**
   A. Donde hay un negocio exitoso, alguien tomó alguna vez una decisión valiente.
   B. Quien carece de talento, echa siempre el mismo cuento.
   C. Dejar las cosas para después es saludable.
   D. El éxito en nuestras vidas siempre viene a buscarnos.

4. **¿Qué personaje(s) podemos remover sin que afecte la historia?**
   A. El perezoso
   B. El tigre
   C. Los oseznos
   D. Los gansos

5. **Según la historia, en términos empresariales podemos afirmar que:**
   A. Es necesario terminar siempre lo que se empieza.
   B. Si no tomamos la iniciativa, nuestra competencia sí lo hará.
   C. Realmente es difícil emprender un negocio en tiempos de crisis.
   D. Que convenga, que no convenga, Dios quiere que todos tengan.

Cita

"En última instancia, el liderazgo es la fortaleza de las propias convicciones, la capacidad de soportar los golpes, y de la energía para promover una idea."

Benazir Bhutto
Política paquistaní

Tercer paso: Identifica la idea

Después de conocerte a ti mismo y conocer el entorno en el que vives, ahora tal vez te hayan surgido algunas ideas. Lo que tienes que hacer entonces es identificar cuál idea es la que más te gusta. Descubre primero de dónde surge tu idea:

1. **¿Tu idea surge de imitación?** Es decir, en tus observaciones del entorno viste funcionar algún proyecto, empresa o negocio con éxito en otro vecindario, ciudad o país y notaste que se puede implementar con algunas adaptaciones.

2. **¿Tu idea surge de una necesidad insatisfecha?** En tus observaciones notaste que existe una necesidad que no está siendo suplida del todo o que es suplida pero existen quejas de un buen número de clientes que no están conformes con lo que reciben, o que el número de posibles clientes es tan grande o tan creciente que las empresas o negocios del sector no cubren la totalidad del mercado.

3. **¿Tu idea surge del conocimiento de ti mismo?** Es decir, hay algo que te gusta hacer, por tanto investigaste y conoces todo al respecto, además has notado que ese algo que te gusta tiene demanda (clientes potenciales) y consideras que se pueden hacer innovaciones y te ves a ti mismo al frente de tu proyecto con muchas expectativas de felicidad.

Una vez identificado el origen de tu idea y teniendo muy claro qué es lo que quieres hacer, (te ayudará terminar con cada uno de los 10 tests propuestos en este libro) entonces debes seguir los siguientes pasos:

1. Escribe tu idea, ya sea en un computador o en papel y concéntrate en la forma más factible de mejorarla, de hacerla más innovadora, de brindar más de lo que otros brindan (valor agregado).

2. Comenta la idea con tus amigos o familiares, y pide distintas opiniones. Procura no dejarte desanimar, pero escucha con atención las objeciones y posibles conflictos que tus amigos o familiares te planteen.

3. Ten en cuenta que no siempre la primera idea es la mejor, por tanto no tengas miedo de ver otras opciones, compáralas con tu idea inicial y luego reflexiona con cuál idea te sientes más cómodo.

Cita

"Carácter es la motivación interna para hacer lo correcto, cueste lo que cueste."

Anónimo

Test número tres

¿Eres negociante o comerciante?

1. Por lo general, en mi grupo de amigos casi siempre convenzo a los demás de mis ideas. [V] [F]

2. Frente a trabajar como empleado con un buen sueldo o ser independiente con menos sueldo, prefiero ser independiente. [V] [F]

3. Me gusta intercambiar cosas con mis compañeros. [V] [F]

4. Me gustan mucho los juegos como monopolio y otros en donde se vende, se compra, se arrienda, etc. [V] [F]

5. Tengo amigos o familiares que se dedican a las ventas o al comercio, y me gusta lo que hacen. [V] [F]

6. Frente a una actividad como deportista o artista, prefiero ser comerciante. [V] [F]

7. Comúnmente observo qué le interesa a la gente, cuáles son sus tendencias, preferencias, necesidades y aspiraciones. [V] [F]

8. Me motiva saber qué es lo que más le gusta a la gente y trato de complacerles. [V] [F]

9. Comparado con otras personas de mi edad que prefieren no correr riesgos, a mí me gustan los desafíos. [V] [F]

10. No me desanima que algunos me digan que no, porque sé que otros me dirán que sí. [V] [F]

Si contestaste afirmativamente como mínimo a cinco enunciados, tienes potencial para ser comerciante o negociante. Si contestaste afirmativamente a más de siete, definitivamente deberías inclinarte por profesiones relacionadas con negocios y comercio, más aún si contestaste afirmativamente a los diez enunciados anteriores.

En esta categoría clasifican vendedores, asesores comerciales, profesionales de mercadeo, negociantes varios, visitadores o agentes viajeros, etc.

Cita

"Apodérate del día; no confíes en el mañana."

Horacio
Poeta romano, año 65 A.C.

TÉCNICA DE LECTURA NÚMERO 3:
Vocalización y Subvocalización

Un buen orador puede pronunciar de manera comprensible dos palabras por segundo, aproximadamente, es decir, entre 180 y máximo 250 palabras por minuto de tal forma que sea audible y fácil de comprender. Por consiguiente, la velocidad de lectura promedio de una persona habituada a leer vocalizando mentalmente o en voz alta es de aproximadamente 180 **P**alabras **P**or **M**inuto (**PPM**). Este proceso se conoce como Vocalización y puede ser consciente o inconsciente.

La vocalización consciente es cuando lees moviendo los labios. Si nos acercamos, podremos oírte como un susurro: cada palabra leída es repetida a media voz.

La vocalización inconsciente o subvocalización, es como si hablaras mentalmente, o tu ser interior leyera por ti. Incluso hay personas que no articulan los sonidos sino que utilizan la laringe, haciendo vibrar involuntariamente las cuerdas vocales.

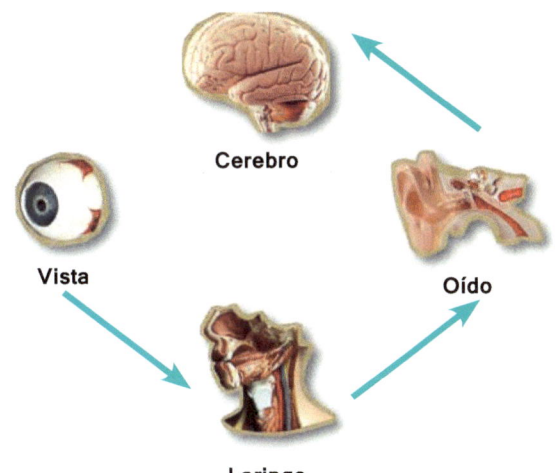

La **vocalización** está formada por tres momentos.

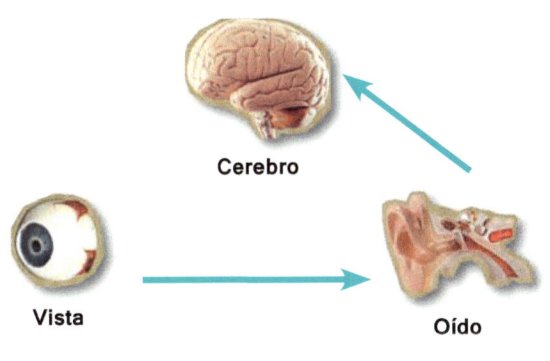

La **subvocalización** está formada por dos momentos.

"Perseguir una meta, sin descanso, ése es el secreto del éxito."

Anna Pavlova
Bailarina rusa

El proceso de lectura dinámica involucra solamente: ojo, texto, mente, pues involucrar el habla ralentiza no solamente la velocidad con que se lee, sino también el proceso de retención y asimilación de la información leída.

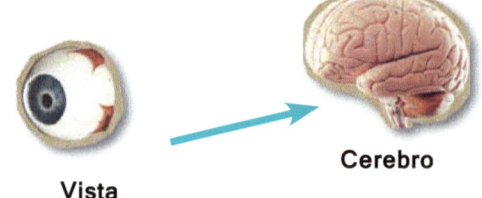

La **lectura dinámica** suprime la parte sonora y auditiva.

Cómo corregir la Subvocalización:

Para eliminar la subvocalización puedes intentar alguno de estos dos recursos mientras vayas realizando los ejercicios aquí propuestos, y mientras leas cualquier texto en general:

1. Tararear en voz baja, o repetir la sílaba: la, la, la, la...

2. Repetir mentalmente palabras o frases, con o sin significado como, por ejemplo, "nací para triunfar" o incluso cualquier palabra que carezca de sentido, porque el objetivo es "bloquear" la repetición mental de lo que se lee, usando un elemento bien diferenciado.

El siguiente ejercicio mezcla los ejercicios anteriores, ampliando tu visión periférica y tratando de eliminar la subvocalización. Lee cada grupo de palabras como si fueran una sola imagen y tararea la, la, la, o repite la frase *"nací para triunfar"* en voz alta. Luego contesta las preguntas de la siguiente página sin volver a leer la historia. Lo realmente importante de estos ejercicios, por ahora, es la velocidad de lectura. Muy probablemente en estos primeros ejercicios tu comprensión de lectura no se verá afectada, pero lo ideal es que incremente más adelante, cuando las técnicas se interioricen y se hagan mecánicamente. Por supuesto que puede haber excepciones.

Al desarrollar la habilidad de leer los grupos de palabras como una sola imagen, lograrás darle mayor agilidad a tus ojos e impedir que continúe el hábito de la vocalización y la subvocalización, que sólo puede eliminarse al ir aumentando progresivamente la velocidad de la lectura, no importa que inicialmente sea a expensas de una comprensión total.

Recuerda que primero debes hacer los seis Ejercicios Preparatorios de las páginas 13, 14, 15, 16, 17 y 18.

Cita

"A menudo, quienes vacilan en hacer planes es porque dudan también en su capacidad de cumplir."

Michael Levine
Publicista y autor de libros de éxito estadounidense

EJERCICIO NÚMERO SIETE

Debes leer las fábulas de los ejercicios siete, ocho y nueve en un máximo de 40 segundos, pero en cada fijación de vista debes decir audiblemente la sílaba "**Ta**" mirando fijamente al ojo encima de cada grupo simultáneamente con las palabras debajo de él. Recuerda que debes repetir cada ejercicio por lo menos tres veces, y luego desarrollar los mismos ejercicios desde el software de Lectura Dinámica.

Comparte tu maíz

En cierta reportera le agricultor si el secreto que ganaba mejor producto, El agricultor debía a que semilla con —"¿Por qué mejor semilla sus vecinos, si ocasión, una preguntó a un podía divulgar de su maíz, el concurso al año tras año. confesó que se compartía su los vecinos. comparte su de maíz con usted también

Cita

"Son dos las opciones básicas: aceptar las condiciones como existen o aceptar la responsabilidad de modificarlas."

Denis Waitley
Escritor motivacional estadounidense

entra al mismo año?" preguntó —"Verá usted, agricultor. "El polen del maíz sembradío a vecinos cultivaran calidad inferior, cruzada degradaría calidad del mío. sembrar buen maíz que mi vecino concurso año tras la reportera. señora," dijo el viento lleva el maduro, de un otro. Si mis un maíz de la polinización constantemente la Si voy a debo ayudar a también lo haga".

Moraleja: quienes quieran lograr el éxito deben ayudar a que las personas a su alrededor también tengan éxito.

Cita

ACTITUD, DISCIPLINA Y PERSISTENCIA- "La disciplina es la parte más importante del éxito" **(Truman Capote, periodista y escritor estadounidense)** - Tienes que tener una actitud de constancia, disciplina, esfuerzo y perseverancia inalterables, para llegar al éxito y que éste perdure.

Ahora verifica tu comprensión lectora:

1. **¿Cuál de las siguientes frases refleja la enseñanza de la historia?**
    A. Mientras más maíz plantes, más oportunidades tendrás de ganar los concursos.
    B. El bienestar de cada uno se encuentra unido al bienestar de todos.
    C. La competencia no es justa si todos los competidores tienen las mismas herramientas.
    D. Si compartes tu comida serás conocido como el amable del pueblo.

2. **¿Qué palabra describe la actitud del agricultor?**
    A. Cooperativa
    B. Envidiosa
    C. Valiente
    D. Estafadora

3. **El agricultor era...**
    A. Ignorante en cuanto a la polinización.
    B. Un experto en todo tipo de concursos.
    C. Un conocedor de su oficio.
    D. Reportero en su tiempo libre.

4. **Un sinónimo de vecino podría ser...**
    A. Prójimo
    B. Reportero
    C. Agricultor
    D. Adversario

5. **El agricultor no era...**
    A. Excelente en lo que hacía
    B. Sincero
    C. Buen vecino
    D. Mediocre en su trabajo

> **Cita**
>
> "Grabad esto en vuestro corazón; cada día comienza en nosotros un año nuevo, una nueva vida."
>
> Ralph Waldo Emerson
> Escritor, filósofo y poeta estadounidense

EJERCICIO NÚMERO OCHO

La loba y el mono disputando sobre su nobleza

Viajaban por esta tierra juntos una loba y un mono, disputando a la vez cada uno sobre su nobleza. Mientras cada cual detallaba ampliamente sus títulos, llegaron a cierto lugar. Volvió el mono su mirada hacia un cementerio y rompió a llorar. Preguntó la loba qué le ocurría, y el mono, mostrándoles unas tumbas le dijo: -- ¡Oh, cómo no voy a llorar cuando veo las lápidas funerarias de esos grandes héroes, mis antepasados! --¡Puedes mentir cuanto quieras -- contestó la loba --; pues ninguno de ellos se levantará para contradecirte!

Moraleja: sé siempre honesto en tus negocios. Nunca sabrás si el cliente que te escucha sabe la verdad y corroborará o desmentirá tus palabras.

Cita

"Donde hay una empresa de éxito, alguien tomó alguna vez una decisión valiente."

Peter Drucker
Escritor, consultor y empresario

Ahora verifica tu comprensión lectora:

1. **A ambos animales les gustaba:**
   A. Alardear
   B. Llorar
   C. Mentir
   D. Tener héroes

2. **Empresarialmente esta historia enseña a...**
   A. Atesorar la amistad.
   B. Tratar a la competencia con respeto.
   C. No mentirle a los clientes.
   D. Que todo empresario pague sus impuestos.

3. **Según lo último que dijo la loba, se ve que...**
   A. Creía todo lo que el mono le decía.
   B. También estaba triste por la muerte de sus héroes.
   C. Quería incitar al mono a mentir.
   D. Había descubierto las mentiras del mono.

4. **Una enseñanza que se puede inferir de la historia es que...**
   A. El conocimiento es perecedero.
   B. Los antepasados no pueden volver de la muerte.
   C. Todos los monos mienten.
   D. Los cementerios son lugares tristes.

5. **Si el mono fuera un vendedor y la loba su clienta...**
   A. La loba seguiría con el negocio como si nada.
   B. La imagen del mono y del producto se vendrían abajo en los ojos de la loba.
   C. Serían iguales de engañosos.
   D. El mono le vendería su producto a punta de mentiras a la ingenua loba.

Cita

"No es el plan lo que importa, sino la planificación."

Dr. Graeme Edwards
Médico especialista australiano

EJERCICIO NÚMERO NUEVE

El asno y el lobo

Un burro cojo vio que lo seguía un lobo
cazador, y, no pudiendo huir de su enemigo, le
decía: «Amigo lobo, yo me estoy muriendo; me
acaban por instantes los dolores
de este maldito pie de que cojeo. Si
yo me valiese de herradores,
no me vería así como me veo.
Y pues fallezco, sé caritativo:
sácame con los dientes este clavo.
Muera yo sin dolor tan excesivo,
y cómeme después de cabo a rabo».
«¡Oh!, dijo el cazador con ironía,
contando con la presa ya en la mano,
¡No solamente sé la anatomía,
sino que soy perfecto cirujano!

Cita

"La gente muchas veces dice que la motivación no dura. Bien, tampoco nos dura el baño que tomamos en la mañana; por eso la recomendamos diariamente."

Zig Ziglar
Escritor y conferencista estadounidense

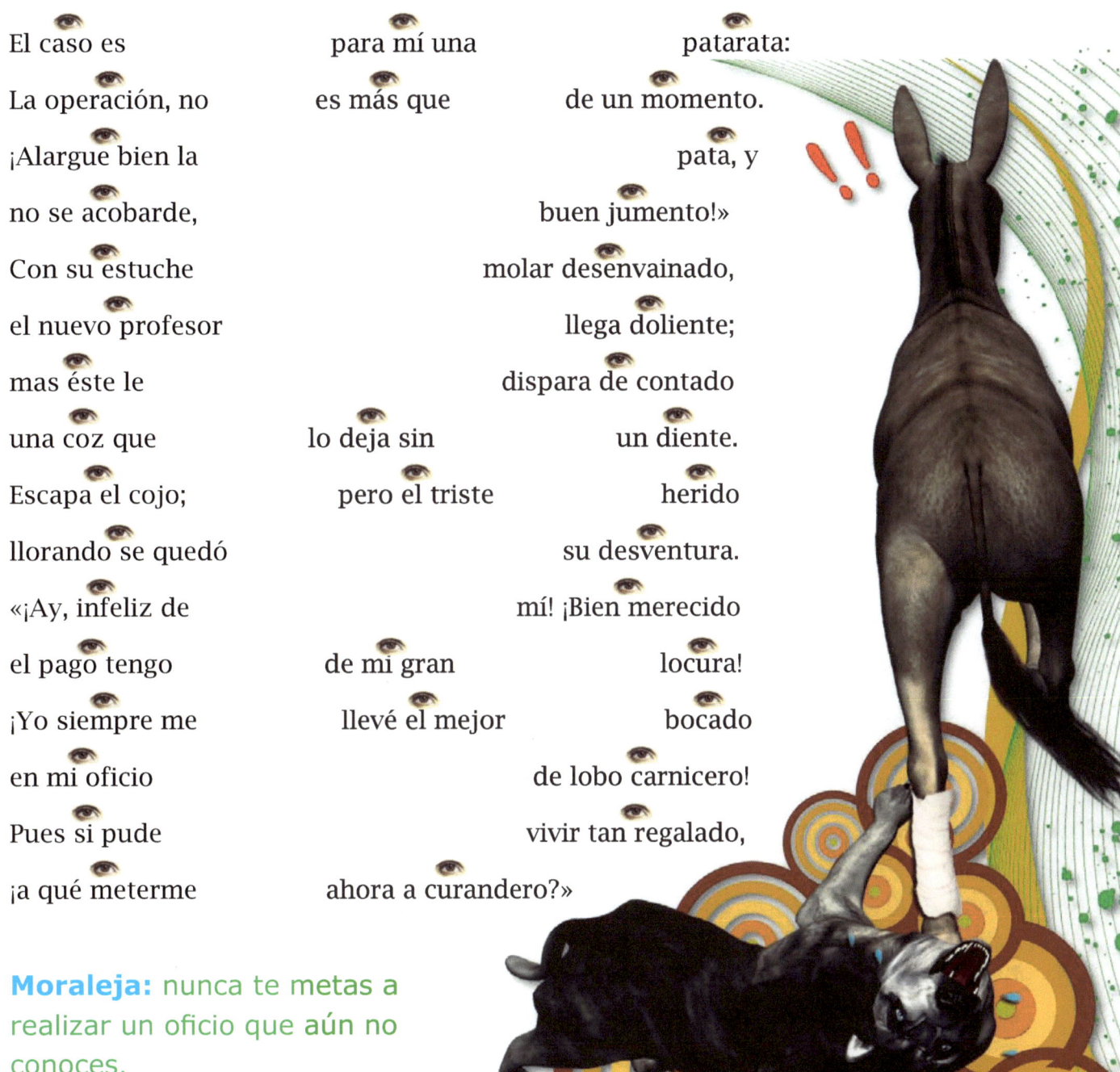

El caso es para mí una patarata:
La operación, no es más que de un momento.
¡Alargue bien la pata, y
no se acobarde, buen jumento!»
Con su estuche molar desenvainado,
el nuevo profesor llega doliente;
mas éste le dispara de contado
una coz que lo deja sin un diente.
Escapa el cojo; pero el triste herido
llorando se quedó su desventura.
«¡Ay, infeliz de mí! ¡Bien merecido
el pago tengo de mi gran locura!
¡Yo siempre me llevé el mejor bocado
en mi oficio de lobo carnicero!
Pues si pude vivir tan regalado,
¡a qué meterme ahora a curandero?»

Moraleja: nunca te metas a realizar un oficio que aún no conoces.

Cita

"Las únicas personas que no tienen problemas son las que están en el cementerio. Lo que distingue el fracaso del éxito no son las cosas que nos pasan; la diferencia estriba en cómo percibimos 'lo que pasa', y qué hacemos en consecuencia."

Anthony Robbins
Fundador de Robbins Research International

Ahora verifica tu comprensión lectora:

1. ¿Cuál podría ser la enseñanza de la historia relacionada con un ámbito empresarial?
   A. Debes ayudar a tus contrincantes siempre y cuando se vean más débiles que tú.
   B. Debes fingir que eres incapaz para que se te den tus negocios.
   C. Debes enfocarte en tu trabajo y no aventurarte en cosas que no conoces.
   D. Debes ignorar los consejos malintencionados de tus compañeros.

2. El asno tenía una actitud...
   A. Enfermiza y temerosa
   B. Engañosa y zalamera
   C. Triste e insegura
   D. Alegre y confiada

3. ¿Por qué se podría decir que el asno aplicaba el refrán de "el fin justifica los medios"?
   A. Porque hizo lo que quiso durante su vida aunque estaba cojo.
   B. Porque pensaba que aún un lobo podía ayudarle a sacar el clavo de su pata.
   C. Porque quería ser más fuerte que el lobo cueste lo que le costara.
   D. Porque burló al lobo y lo golpeó para poder escapar.

4. ¿Por qué fue infeliz el lobo al final de la fábula?
   A. Porque quería ayudarle al asno.
   B. Porque no era un buen curandero.
   C. Porque cambió su oficio de carnicero y no le fue bien.
   D. Porque el asno se había acobardado y se había ido.

5. El lobo era...
   A. Un cazador
   B. Un perfecto cirujano
   C. Un cobarde
   D. Un curandero

"Sólo los perdedores contemplan la posibilidad de la derrota antes de intentarlo."

Anónimo

TERCERA APLICACIÓN

Trata de leer la siguiente fábula de 300 palabras en un minuto, haciendo una fijación cada grupo de palabras, mirando fijamente al ojo encima de ellas pero sin leer las sílabas, sino como si estuvieras viendo una sola imagen. Haz tres veces este mismo ejercicio, hasta que llegues a leer la fábula en un minuto y luego contesta las preguntas de la página 58. Recuerda que debes hacer los mismos ejercicios desde el software de Lectura Dinámica.

Los dos leñadores

300 palabras

En el "Campeonato Mundial de Leñadores", que se celebra cada[10] año en Canadá, llegaron a la final un canadiense y[20] un noruego, llamados Peter y Johann, respectivamente. La prueba era[30] sencilla, cada uno recibía un sector del bosque y aquel[40] que talara más árboles entre las ocho de la mañana[50] y las cuatro de la tarde, sería el ganador. A[60] las ocho en punto sonó el silbato, los dos leñadores[70] se pusieron manos a la obra e iban talando, golpe[80] tras golpe, hasta que a

---

Cita

"El futuro tiene muchos nombres: para el débil es lo inalcanzable, para el miedoso es lo desconocido. Para el valiente, la oportunidad."

Victor Hugo
Escritor, político e intelectual francés

las nueve menos diez el[90] canadiense escuchó al noruego detenerse... Advirtiendo su oportunidad, el canadiense[100] redobló esfuerzos. A las nueve, el canadiense escuchó al noruego[110] talar de nuevo. Repetidamente parecía que talaban, golpe tras golpe,[120] hasta que a las diez menos diez el canadiense oyó[130] que el noruego se detenía. El canadiense perseveró, decidido a[140] sacar provecho de la debilidad de su adversario. A las[150] diez en punto, el noruego comenzó a talar de nuevo,[160] hasta que a las once menos diez hizo una nueva[170] pausa.

La confianza del canadiense aumentaba, podía "saborear" la victoria[180] y prosiguió con su ritmo regular y constante. Y así[190] transcurrió todo el día, cada hora menos diez minutos, el[200] noruego paraba y el canadiense

---

Cita

"Un sueño no se hace realidad a través de magia: conlleva sudor, determinación y trabajo duro."

Colin Powell
Militar, diplomático y político de origen jamaiquino

seguía talando. Cuando sonó el[210] silbato a las cuatro de la tarde, señalando el final[220] de la competencia, el canadiense estaba absolutamente convencido de que[230] el premio sería suyo. Pero cuál fue su sorpresa al[240] descubrir que había perdido.

"¿Cómo lo hiciste?" - le preguntó asombrado[250] al noruego - "Cada hora menos diez oía que te parabas.[260] ¿Cómo rayos pudiste cortar más árboles que yo? ¡No es[270] posible!". "Pues realmente es algo muy sencillo," - respondió el noruego[280] con toda franqueza - "Cada hora menos diez, paraba. Y mientras[290] tú seguías talando, yo me dedicaba a afilar el hacha…"[300]

Moraleja: no por trabajar más tiempo se obtienen los mejores resultados.

Cita

"Es un error muy común considerar que el fracaso es el enemigo del éxito. El fracaso es el gran maestro, un maestro duro pero el mejor. Debemos armar el rompecabezas de nuestros sucesivos fracasos para hallar una explicación, y luego debemos ponerlos a trabajar en nuestro beneficio."

Thomas Watson
Fundador de IBM

Ahora verifica tu comprensión lectora:

1. **¿Cuál de las siguientes ideas no está contenida en la historia?**
   A. Hacer pausas en nuestros deberes muchas veces ayuda.
   B. Dudar de sí mismo es la primera señal de inteligencia.
   C. El exceso de confianza es un obstáculo para alcanzar nuestras metas.
   D. Más vale modestia y perseverancia, que orgullo y descuido.

2. **¿Qué fue lo que hizo la diferencia y dio el triunfo entre los dos competidores?**
   A. Trabajar arduamente sin descansar un solo minuto.
   B. La seguridad en sí mismo.
   C. La pausa cada hora para afilar el hacha.
   D. Mayor cantidad de árboles para talar.

3. **¿Cuántas horas duró la competencia?**
   A. Ocho horas
   B. Siete horas
   C. Nueve horas
   D. Diez horas

4. **La frase que no puede inferirse de la lectura es:**
   A. El hombre se hace viejo muy pronto y sabio muy tarde.
   B. Nunca por hacer las cosas bien, se ha perdido el tiempo.
   C. Cuando la meta es importante los obstáculos se vuelven pequeños.
   D. Despacito y buena letra, que el hacer las cosas bien, importa más que el hacerlas.

5. **El aporte que esta historia hace al emprendimiento empresarial es:**
   A. Por hacer las cosas bien, nunca se ha perdido el tiempo.
   B. Humildad es el valor más hermoso del ser humano.
   C. Llorar no sirve de nada, haz lo que tengas que hacer.
   D. Una buena educación lo es todo en la vida.

Cita

ENFOQUE MENTAL- "Algunas personas enfocan su vida de modo que viven con entremeses y guarniciones. El plato principal nunca lo conocen" (**José Ortega y Gasset, filósofo y ensayista español**) - Un altísimo porcentaje de los éxitos y también de las equivocaciones, tienen como origen el enfoque mental.

Cuarto paso: Definición de metas

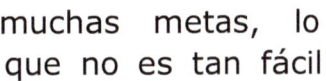

Ahora que te conoces a ti mismo y al entorno en el que vives, y después que te han surgido algunas buenas ideas, debes definir bien tus metas. Debes tratar de definir metas a corto, mediano y largo plazo.

Recuerda una vez más que el emprendimiento no se relaciona únicamente con negocios o empresas, por tanto, tus metas también deben corresponder a los propósitos de tu emprendimiento, ya sea tu desarrollo y crecimiento personal, obtener paz espiritual, la felicidad, el amor, o aprobar una asignatura, alcanzar un nivel socioeconómico mejor, lograr un ascenso a un mejor cargo, etc.

Es como si quisieras construir un gran edificio con muchos ladrillos. Cada ladrillo bien puesto es una meta cumplida. Colocar ladrillos, es relativamente fácil, así como fijarte muchas metas, lo que no es tan fácil es acomodar bien los ladrillos y hacerlo con tal constancia que finalmente puedan convertirse en un edificio. ¿A quién le gustaría vivir en un edificio en donde los ladrillos estuvieran mal puestos? De la misma manera, tus metas deben ser bien establecidas y seguidas con constancia hasta que tus sueños emprendedores se hagan realidad.

Ser una persona emprendedora requiere estar inmerso dentro de un proyecto de vida con objetivos claros y concretos. Por eso tus metas deben ser específicas, con plazos claros y concretos, deben ser alcanzables por etapas y medibles, de manera que puedas hacer seguimiento y evaluar si estás logrando los objetivos que te permitirán llegar a tus metas.

Cita

"El éxito es cualquier sensación en la que tú creas que has logrado lo que querías."

Anónimo

Para establecer esas metas y objetivos globales o generales puedes preguntarte: ¿cómo me veo a mí mismo dentro de 10 años? (largo plazo) ¿cómo me veo dentro de 5 años? (mediano plazo) ¿cómo me veo dentro de 1 año? (corto plazo). De esta manera podrás conformar tu visión a largo, mediano y sobre todo a corto plazo, y con ésta podrás establecerte una misión a cumplir.

Visión: es la visualización de dónde quieres que tu empresa se encuentre en el futuro. Tener visión significa obtener una imagen o visualizar en qué lugar estará tu empresa fijando las metas y objetivos que se definirán para corto, mediano y largo plazo. La visión te ayudará a planear y hacer una proyección clara de lo que quieres lograr con tu empresa. Al adquirir una visión para tu empresa, es muy importante que pienses en grande. No te limites por los recursos que actualmente tienes en tus manos. Piensa como si esas limitaciones no existieran.

Misión: la misión debe expresar la tarea y los objetivos que tu emprendimiento busca alcanzar. La misión es la razón de ser de tu emprendimiento, por tanto debe responder la pregunta: ¿por qué existe tu empresa, o por qué existirá tu empresa?

Para poder identificar las metas y delinear las estrategias genéricas en los distintos niveles es necesario tener presente la visión y la misión de tu empresa.

Cita

"Capacítese hoy para un mejor mañana."

Anónimo

Test número cuatro

¿Eres escritor, literato o académico?

1. Me gustaría expresarme y comunicarme mejor, de tal forma que todos entiendan lo que quiero decir. |V| |F|

2. Me gustaría aprender a utilizar mejor el lenguaje y entender cómo se hace un poema, o una canción, o cómo se escribe una novela. |V| |F|

3. Comparado con otras personas de mi edad, considero que tengo facilidad para expresar ideas en forma oral o escrita. |V| |F|

4. Cuando no conozco el significado de una palabra, siento que debo averiguarlo. |V| |F|

5. Comparado con otras personas de mi edad, considero que me gusta la lectura y a veces siento que quiero escribir un poema o un cuento o una vivencia personal, sea real o inventada. |V| |F|

6. Creo que mientras más vocabulario podamos manejar, mejor podemos expresar nuestras ideas. |V| |F|

7. Tengo habilidad para resumir un tema. |V| |F|

8. Considero que soy creativo(a) y que tengo muy buena imaginación. |V| |F|

9. Siento admiración por escritores de libros famosos o de guiones de películas de cine o televisión. |V| |F|

10. Me gusta escribir lo que pienso. |V| |F|

Si contestaste afirmativamente como mínimo cinco enunciados, tienes potencial para ser escritor, literato o académico. Si contestaste afirmativamente más de siete, definitivamente deberías inclinarte por alguna de estas profesiones, más aún si contestaste afirmativamente los diez enunciados anteriores.

En esta categoría clasifican escritores de cualquier género literario, profesores de idiomas, críticos literarios, guionistas, columnistas o periodistas, etc.

Cita

"No te preocupes por las cosas, ocúpate de ellas."

Anónimo

TÉCNICA DE LECTURA NÚMERO 3:
La Lectura Espacial

Para leer no es necesario visualizar toda la palabra completa, ya que el ojo se encarga de ir dando las formas que faltan a las imágenes que nosotros llamamos letras. A tu mente le basta sólo con la mitad de los caracteres, especialmente la parte superior de los mismos, y ella los decodifica posibilitándote entender la palabra completa.

Los objetivos de la Lectura Espacial son:

- Eliminar la dependencia o esclavitud de las palabras.

- Ampliar tu campo visual, ya que fijarte sólo en la parte superior de las palabras te ayudará a ejercitar tu foco de visión central y a la vez ejercitará tu visión periférica.

- Agilización de la percepción y reconocimiento de palabras.

Lee la siguiente frase:

El principio de la sabiduría es el respeto a Dios

Como pudiste notar, la frase es totalmente legible a pesar de ser visible únicamente en su parte superior. Ahora practica con los siguientes ejercicios para ampliar tu lectura espacial.

Recuerda que primero debes hacer los seis Ejercicios Preparatorios de las páginas 13, 14, 15, 16, 17 y 18.

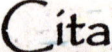 ita

"En tiempos de cambio, quienes estén abiertos al aprendizaje se adueñarán del futuro, mientras que aquellos que creen saberlo todo estarán bien equipados para un mundo que ya no existe."

Eric Hoffer
Escritor y filósofo estadounidense

EJERCICIO NÚMERO DIEZ

Lee la siguiente fábula en 40 segundos haciendo sólo una fijación cada dos o tres palabras. Recuerda que son imágenes, no letras o sílabas. Recuerda que debes hacer los ejercicios diez, once y doce desde el software de Lectura Dinámica y luego contestar las preguntas de comprensión lectora.

El ratón y el mago

Cuenta una antigua fábula india que había un ratón que estaba siempre angustiado porque tenía miedo del gato. Un mago se compadeció de él y lo convirtió en un gato. Pero entonces empezó a sentir miedo del perro. De modo que el mago lo convirtió en perro. Luego empezó a sentir miedo de la pantera y el mago lo convirtió en pantera. Con lo cual comenzó a temer al cazador. Llegado a este punto el mago se dio por vencido y volvió a convertirlo en ratón diciéndole: "Nada de lo que haga por ti va a servirte de ayuda, porque siempre tendrás el corazón de un ratón."

Moraleja: por mucho que se disfrace, la cobardía siempre será cobardía.

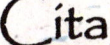

Cita

"No tiene caso ser el hombre más rico del cementerio, de todos modos, no se pueden hacer negocios desde ahí."

El coronel Sanders
Fundador de KFC

Ahora verifica tu comprensión lectora:

1. **¿Cuál de los siguientes refranes puede aplicarse a la historia?**
    A. Es mejor ser cabeza de ratón que cola de león.
    B. Aunque la mona se vista de seda, mona se queda.
    C. Le dieron gato por liebre.
    D. Perro que ladra no muerde.

2. **¿Qué enseñanza se puede sacar de la historia?**
    A. Los ratones no pueden ser sino ratones.
    B. Si no crees que puedes superar tus miedos, nunca lo harás.
    C. Los magos son infalibles.
    D. Los gatos siempre le temerán a los perros.

3. **¿Qué <u>no</u> tenía el ratón?**
    A. Valentía
    B. Angustia
    C. El corazón de un ratón
    D. Un mago que le quería ayudar

4. **¿Cuál de las siguientes <u>no</u> es una solución para la situación del ratón?**
    A. Dejar el estancamiento.
    B. Superar su cobardía.
    C. Tener ganas de superarse.
    D. Mantener su corazón débil.

5. **Si el mago fuera el gerente y el ratón el empleado, lo que este primero quería era:**
    A. Sacarlo de la empresa.
    B. Ponerlo en el cargo más bajo y pesado de la empresa.
    C. Darle un ascenso.
    D. Bajarle el sueldo.

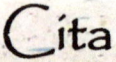 **Cita**

"Cuanto más mires hacia atrás, más difícil te resultará mirar hacia delante."

Pierre Bonnard
Artista plástico francés

EJERCICIO NÚMERO ONCE

Lee la siguiente fábula en 20 segundos. Utiliza las técnicas aprendidas.

Los navegantes

Lloraban unos tristes pasajeros
viendo su pobre nave combatida de
recias olas y vientos fieros va casi
sumergida cuando súbitamente el viento
calma, el cielo serena y la afligida
gente convierte en risa la pasada pena
Mas el piloto estuvo muy sereno
tanto en la tempestad como en bonanza
Pues sabe que lo malo y que lo
bueno está sujeto a
súbita mudanza

Moraleja: hay que tener fortaleza de carácter para entender que tanto lo bueno como lo malo son eventos pasajeros.

> **Cita**
>
> **ENTUSIASMO-** "Los años arrugan la piel, pero renunciar al entusiasmo arruga el alma" (Albert Schweitzer, teólogo protestante y Premio Nobel de la Paz de 1952) - Muy pocas cosas, o nada importante podrá hacer si antes no se nutre de entusiasmo.

Ahora verifica tu comprensión lectora:

1. **Dentro del contexto de la empresa, el piloto es como...**
    A. Un jefe que sabe que hay que tener calma en toda eventualidad.
    B. Un subordinado que no conoce sobre la dificultad.
    C. Una persona que sólo piensa en lo bueno que puede pasar.
    D. Un dios que calma las tempestades.

2. **Dentro del contexto de la empresa, los pasajeros son el reflejo de...**
    A. Las directivas que se ríen ante las dificultades económicas.
    B. Los empleados que se intranquilizan con los problemas.
    C. Los miedos del piloto de la nave.
    D. Los dineros que se pierden en las crisis de la empresa.

3. **¿Qué significa 'mudanza' en la historia?**
    A. Atasco o estancamiento
    B. Trasladarse a otra casa
    C. Cambio o transformación
    D. Ser inconstante en las decisiones

4. **Un sinónimo de tempestad no es:**
    A. Dificultad
    B. Crisis
    C. Problema
    D. Tranquilidad

5. **¿Por qué estaba el piloto sereno?**
    A. Porque no le tenía miedo a las olas fuertes.
    B. Porque sabía que lo malo pasaría.
    C. Porque ese era su temperamento.
    D. Porque tenía que verse tranquilo en frente de los pasajeros.

Cita

"El ascensor al éxito está descompuesto. Usted tendrá que usar los escalones... un paso a la vez."

Joe Girard
Según Guiness Records, el vendedor más grande de Estados Unidos

EJERCICIO NÚMERO DOCE

Lee la siguiente fábula en 30 segundos. Utiliza las técnicas aprendidas.

La gallina de los huevos de oro

Érase una gallina que ponía un huevo de oro al dueño cada día. Aún con tanta ganancia, mal contento quiso el rico avariento descubrir de una vez la mina de oro y hallar en menos tiempo más tesoro. Matóla; abrióla el vientre de contado; pero después de haberla registrado ¿qué sucedió? Que, muerta la gallina, perdió su huevo de oro, y no halló mina. ¡Cuántos hay que teniendo lo bastante enriquecerse quieren al instante abrazando proyectos a veces de tan rápidos efectos, que sólo en pocos meses cuando se contemplaban ya marqueses contando sus millones se vieron en la calle sin calzones!

Moraleja: no te impacientes por conseguir el éxito inmediato. Los negocios toman tiempo.

Cita

"Los grandes hombres casi nunca son cimas de montañas aisladas, son las cumbres en cordilleras gigantes."

Thomas Wentworth
Militar y estadista inglés

Ahora verifica tu comprensión lectora:

1. **Al darle un huevo al día, ¿qué ponía a prueba la gallina en su dueño?**
   A. Su paciencia
   B. Su amor
   C. Su bondad
   D. Su felicidad

2. **Dentro del contexto de los negocios, la 'mina de oro' representaría:**
   A. El negocio del año
   B. Las instalaciones de la empresa
   C. Lo que gana un empleado cualquiera
   D. Un lugar bajo tierra donde se encuentra este metal

3. **La moraleja se puede resumir en el siguiente refrán:**
   A. El hombre precavido vale por dos.
   B. En casa de herrero, asador de palo.
   C. Barriga llena, corazón contento.
   D. Ensillar las bestias sin siquiera comprarlas.

4. **Empresarialmente, ¿qué es la gallina de los huevos de oro?**
   A. Las finanzas de la empresa
   B. La empresa
   C. Los empleados
   D. El gerente

5. **¿Qué refrán describe lo que le pasó al dueño de la gallina debido a su codicia?**
   A. Se quedó sin el pan y sin el queso.
   B. Fue afortunado en el juego y desafortunado en el amor.
   C. Le entró por un oído y por el otro le salió.
   D. Crió fama y se echó a dormir.

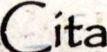

> "Prefiero que caminen a mi lado que simplemente me muestren el camino."
>
> **David O. McKay**
> **Noveno presidente de la Iglesia de Jesucristo de los Santos de los Últimos Días**

CUARTA APLICACIÓN

Trata de leer la siguiente fábula de 400 palabras en un minuto, haciendo una fijación en cada grupo de palabras y utilizando todas las técnicas aprendidas hasta ahora. Haz tres veces este mismo ejercicio, hasta que llegues a leer la fábula en un minuto, después haz la misma aplicación desde el software de Lectura Dinámica y contesta las preguntas de comprensión lectora.

La renovación del águila

400 palabras

El águila es el ave de mayor longevidad de su[10] especie; llega a vivir 70 años, pero para alcanzar esa[20] edad, a los 40 años, deberá tomar una seria y[30] difícil decisión, pues sus uñas se vuelven apretadas y flexibles,[40] sin conseguir tomar a sus presas con las cuales se[50] alimenta; Su pico largo y puntiagudo se curva apuntando contra[60] su pecho; sus alas envejecen y se tornan pesadas y[70] de plumas gruesas, por lo que volar se le hace[80] muy difícil. Entonces el águila tiene solamente dos opciones: morir[90] o enfrentar su doloso proceso de renovación, que dura 150[100] días. Ese proceso consiste en volar hacia lo alto de una[110] montaña y quedarse ahí, en un nido cercano a un[120] paredón, en

Cita

"No hay hombres cultos: hay hombres que se cultivan."

Ferdinand Foch
Militar francés

donde no tenga la necesidad de volar. Después el águila comienza a golpear la roca con su pico hasta conseguir arrancarlo. Entonces, esperará el crecimiento de uno nuevo con el que desprenderá una a una sus uñas talones. Cuando los nuevos talones comienzan a nacer, comenzará a desplumar sus plumas viejas. Finalmente, después de cinco meses muy duros, realiza el famoso vuelo de renovación que le dará 30 años más de vida.

Situaciones parecidas nos suceden a lo largo de la vida. Hay momentos donde parece que ya hemos dado en nuestro trabajo (familia, comunidad, parroquia) todo lo que teníamos. Pareciera que hubiésemos agotado nuestra creatividad y que ya no tenemos mucho que aportar.

Nuestra vida suele verse gris y envejecida. ¡Estamos en un punto de quiebre! O nos transformamos como las águilas

Cita

"Para alcanzar el éxito se requiere de tres cosas: voluntad, valor y decisión."

Anónimo

o estamos condenados a morir. La transformación exige, primero, hacer un alto en el camino, resguardarnos por algún tiempo. Volar hacia lo alto y comenzar un proceso de renovación.

Solo así podremos desprendernos de esas viejas uñas y plumas para continuar un vuelo de renacimiento y de victoria. Y ¿cuáles son esas plumas y uñas de las que tenemos que desprendernos? Pues, cada uno puede identificarlas fácilmente en sus vidas: son aquellas actitudes, vicios y costumbres que nos impiden el cambio, que nos atan al pasado, a la mediocridad, a la falta de ánimo para empezar la lucha.

En otros puede tratarse de resentimientos, complejos, baja o alta autoestima, que nublan nuestra vista y la capacidad de ser objetivos con nosotros mismos. Debemos desprendernos de costumbres, tradiciones y recuerdos que nos causan dolor. Solamente libres del peso del pasado podremos aprovechar el resultado valioso que una renovación siempre trae.

Moralejas:
- Vivimos mientras nos renovamos.
- Cuando no se puede lograr lo que se quiere, mejor cambiar de actitud.

Cita

"El aprender a ganar es bueno, pero es mejor saber perder."

Anónimo

Ahora verifica tu comprensión lectora:

1. **¿Cuál de los siguientes no es un elemento de renovación del águila?:**
   A. Las uñas de los talones
   B. El pecho
   C. Las plumas viejas
   D. El pico

2. **Identifica causa y efecto en el relato anterior:**
   A. Las plumas envejecen y el pico se curva, entonces es tiempo de morir.
   B. Cuando hay agotamiento y frustración, la mejor opción es renovarse.
   C. A los cuarenta años debemos hacer una renovación.
   D. La renovación siempre dura 150 días.

3. **Lo que no nos enseña esta historia es a:**
   A. Desprendernos de costumbres, tradiciones y recuerdos cuyo peso nos impide avanzar.
   B. No ver la necesidad de adaptarnos al problema, sino a ver la posibilidad de librarnos de él.
   C. Disfrutar cada día como si fuera el último en la vida.
   D. Renovarnos, lo cual implica poner en orden nuestro mundo interior, malos pensamientos, recuerdos frustrantes, experiencias dolorosas.

4. **Una frase que complementa la idea principal del relato es:**
   A. El águila, aún cuando agarra gallinas, se queda águila.
   B. Águila no caza moscas.
   C. Si no quieres repetir el pasado, ¡estúdialo!
   D. El perfeccionamiento es incesante renovación.

5. **Según la historia, un buen emprendedor, así como el águila, es quien:**
   A. Vuela muy alto y no "pone los pies en el suelo".
   B. Se siente cómodo con lo establecido y no soporta los cambios.
   C. Sabe convertir momentos difíciles en grandes oportunidades.
   D. Actúa con impaciencia y cambia constantemente de proyectos.

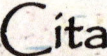
Cita
"El coraje es una disposición a sentir grados pertinentes de temor y confianza en situaciones desafiantes."

Aristóteles
Filósofo de la Antigua Grecia

Quinto paso: Estrategia adecuada

Cuando el emprendedor piensa en mediano o largo plazo debe diseñar una estrategia para su proyecto. Una vez que has escrito la visión y la misión, debes pensar en qué forma vas a lograr lo que te has propuesto, de esta manera ya estás organizando tu estrategia para el proyecto.

Puedes tener en cuenta tres tipos de estrategias, estableciendo para cada una claros principios de flexibilidad, exactitud, amplitud, y economía.

Estrategia de tu empresa: se determinan las estrategias que guiarán a tu empresa (emprendimiento) a la eficiencia, la calidad y la satisfacción de la persona a quien va dirigida tu empresa (cliente en el caso de negocios).

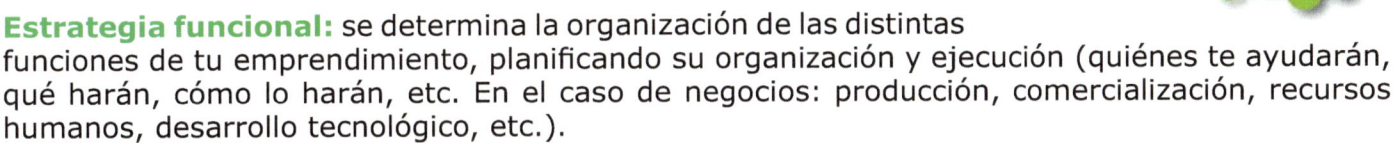

Estrategia funcional: se determina la organización de las distintas funciones de tu emprendimiento, planificando su organización y ejecución (quiénes te ayudarán, qué harán, cómo lo harán, etc. En el caso de negocios: producción, comercialización, recursos humanos, desarrollo tecnológico, etc.).

Estrategia de operaciones: se determinan tus habilidades distintivas como emprendedor, optimizando tu experiencia para poder desarrollar actividades que creen valor agregado a tu fruto final (en el caso de negocios: los productos o servicios).

En resumen, esta estrategia se puede construir considerando el siguiente cuadro:

¿Qué voy a hacer?	**Nombre** del proyecto: lo que se quiere hacer.
¿Por qué lo voy a hacer?	**Fundamentación** del proyecto: es el diagnóstico y por qué elegí ese problema para solucionar.
¿Para qué lo voy a hacer?	**Metas** del proyecto: qué solucionaría ese proyecto.
¿Dónde lo voy a hacer?	**Localización geográfica**: el lugar, barrio, ciudad o pueblo donde se desarrolla el proyecto.
¿Cómo lo voy a hacer?	**Listado de actividades** para concretar el proyecto.
¿Con quién lo voy a hacer?	**Los responsables** de las distintas actividades.
¿Cuándo lo voy a hacer?	**El tiempo** que se tardará en hacer el proyecto.
¿Qué necesito para hacerlo?	**Listado de recursos** y cantidad necesaria (materiales, humanos; financieros).
¿Cuánto va a costar?	**Presupuesto:** precios de los recursos, según cantidad y tiempo de utilización.

Cita

"La experiencia es la enfermedad que ofrece el menor peligro de contagio."

Oliverio Girondo
Poeta argentino

Test número cinco
¿Eres científico/investigador?

1. Me emociona hacer proyectos realidad, estar en su realización y encontrar la mejor forma de lograrlos y no simplemente disfrutarlos después de hechos. [V] [F]

2. Más que estar donde se vende o se comercializa, me gusta estar donde se cultiva o se elabora. [V] [F]

3. Me gustaría poder hacer algo que funcione, que no falle y que brinde el mejor rendimiento. [V] [F]

4. Me motiva más la etapa de observación y análisis de algo, que su realización. [V] [F]

5. Soy reflexivo y me atraen las teorías científicas. [V] [F]

6. En las cosas que me interesan, me gusta saber no sólo cómo suceden sino porqué suceden. [V] [F]

7. No me conformo con respuestas simples, quiero ir más allá. [V] [F]

8. Siempre voy en busca de la esencia y origen de lo que me interesa. [V] [F]

9. No me cuesta entender la teoría. [V] [F]

10. No me gustan las ambigüedades. [V] [F]

11. Busco las razones hasta que todo quede absolutamente claro, ya sea en una conversación o en el análisis de un fenómeno o situación. [V] [F]

Cita

"La recompensa del trabajo bien hecho es la oportunidad de hacer más trabajo bien hecho."

Jonas Edward Salk
Premio Nobel de Medicina

12. En el área que me interesa planteo hipótesis para explicar cómo y por qué suceden las cosas. ☐V ☐F

13. Me gusta ver el trasfondo de lo que sucede. ☐V ☐F

14. Me interesa el conocimiento y la aplicación de ese conocimiento. ☐V ☐F

15. Me gusta explorar, descubrir, investigar, con el fin de saber y conocer. ☐V ☐F

16. Me gusta cuando tenemos que averiguar sobre átomos y moléculas. ☐V ☐F

17. Me gusta investigar las reacciones químicas que suceden en la naturaleza. ☐V ☐F

18. Me gusta conocer cómo está organizada la materia, cuáles son sus características y propiedades, sus cambios y/o transformaciones. ☐V ☐F

19. Me atrae comprender, interpretar y analizar el mundo, desde las estructuras moleculares. ☐V ☐F

20. Cuando me entregan una guía de ejercicios de física, de inmediato le doy una mirada para ver cómo se puede resolver. ☐V ☐F

Si contestaste afirmativamente a mínimo a diez enunciados, tienes potencial para ser científico o investigador. Si contestaste afirmativamente a más de catorce, definitivamente deberías inclinarte por alguna de estas profesiones, más aún si contestaste afirmativamente a los veinte enunciados anteriores.

En esta categoría clasifican químicos, físicos, inventores, ingenieros mecánicos, ingenieros industriales, bioquímicos, farmaceutas, investigadores, filósofos, académicos en las artes científicas, etc.

Cita

"No intento bailar mejor que nadie. Sólo trato de bailar mejor que yo mismo."

Mijaíl Baryshnikov
Bailarín, coreógrafo y actor de origen letón

TÉCNICA DE LECTURA NÚMERO 5:
¿Cómo entendemos?

El entendimiento al leer se logra cuando el dato leído o informe prioritario tiene contra qué ser comparado o recordado y de esta manera puede ser interpretado. Nuestros ojos perciben no sólo letras, signos, números, grabados y símbolos, sino también informes secundarios: tamaño, color, intensidad de tinta, etc.

Si el dato que está entrando en la mente es reconocido, porque ya se conocía previamente, es más fácil interpretarlo y entenderlo. El éxito de la lectura consiste en comparar (inconscientemente) lo que actualmente se lee con lo memorizado, desde letras y palabras hasta abstracciones y conceptos.

Si el dato que se percibe al leer es totalmente nuevo o desconocido y no tiene contra qué compararse es más difícil entenderlo. Por ejemplo cuando encontramos una palabra nueva, o mal escrita, o una frase en desorden, o en un idioma desconocido para nosotros.

Entonces, recuerda que el buen entendimiento es proporcional a la cantidad y calidad de asociaciones previas; lo que quiere decir que entre más leas, más te familiarizarás con las palabras, las frases, la redacción, los signos, etc., y más fácil te será comprender cualquier texto.

Procura entonces aumentar tu vocabulario, leyendo cada día aunque sea una página de algún libro, o algún artículo de los periódicos o revistas y buscando en el diccionario el significado de palabras que son nuevas para ti.

Recuerda que primero debes hacer los seis Ejercicios Preparatorios de las páginas 13, 14, 15, 16, 17 y 18.

Cita

"No existe nada más detestable en este mundo que un buen consejo acompañado de un mal ejemplo."

Anónimo

EJERCICIO NÚMERO TRECE

Para que tu cerebro se acostumbre a reconocer rápidamente las palabras, el siguiente ejercicio de reconocimiento de palabras debe hacerse lo más rápido posible.

Observa cada palabra que aparece en el cuadro que está más abajo. Visualízala como una imagen sin leerla mentalmente, y luego búscala en la fábula sin emplear más de 15 segundos en cada palabra del primer renglón y 10 segundos en cada palabra del segundo renglón. Tan pronto encuentres la primera palabra, devuélvete al cuadro de palabras y mira la segunda palabra rápidamente, luego vuelve a la fábula y encuéntrala. Haz lo mismo con cada una de las palabras del cuadro. Cuando termines de encontrar la última palabra, entonces lee la fábula utilizando todas las técnicas aprendidas hasta ahora. Debes leer toda la fábula, incluida la moraleja, en un tiempo no mayor a 20 segundos. Después contesta las preguntas para verificar tu comprensión. Recuerda que debes hacer los mismos ejercicios desde el software de Lectura Dinámica y contestar las preguntas de comprensión lectora.

| vuelo | sol | fácil | bellas | cazando | evitando | destino | torpemente | subes | así |
| caer | arrebata | dispuso | ciudad | asfalto | reina | aires | nubes | dice | rió |

La tortuga y el águila

Una tortuga a un águila rogaba

le enseñara a volar; así le hablaba:

«Con sólo que me des cuatro lecciones

ligera volaré por las regiones:

ya remontando el vuelo

por medio de los aires hasta el cielo.

Cita

"Nuestra mayor gloria no se basa en no haber fracasado nunca, sino en habernos levantado cada vez que caímos."

Confucio
Filósofo chino

Veré cercano el sol y las estrellas
y otras cien cosas bellas.
Ya, rápida, bajando,
de ciudad en ciudad iré pasando:
y de este fácil delicioso modo
lograré en pocos días verlo todo».

El águila se rió del desatino.
Le aconseja que siga su destino
cazando torpemente con paciencia,
pues lo dispuso así la providencia.
Ella insiste en su antojo, ciegamente.
La reina de las aves prontamente
la arrebata, la lleva por las nubes.
«Mira, -le dice- mira cómo subes».

Y al preguntarle, dijo: «¿Vas contenta?»
Y la deja caer desde lo alto.
pero rápido en los aires el águila se avienta
evitando que se dé contra el asfalto.

Moraleja: más que anhelar tener las cosas que los demás poseen, debemos conocernos a nosotros mismos y valorar nuestras propias habilidades.

Cita

"Cada vez que cometo un error me parece descubrir una verdad que no conocía."

Maurice Maeterlinck
Dramaturgo y ensayista belga

Ahora verifica tu comprensión lectora:

1. **¿Por qué la tortuga no pudo volar?**
   A. Porque no se esforzó lo suficiente.
   B. Porque no estaba físicamente diseñada para volar.
   C. Porque el águila no le enseñó correctamente.
   D. Porque el águila no se lo permitió.

2. **¿Con qué tipo de empresario se puede comparar a la tortuga?**
   A. Con uno que no conoce sus debilidades y no valora sus habilidades.
   B. Con uno que tiene éxito al copiar las estrategias de los demás.
   C. Con uno que aprende rápidamente a hacer cosas de las que antes no tenía idea.
   D. Con uno que quiere superar sus temores y decide arriesgarse.

3. **¿Por qué se podría aplicar el dicho "hasta no ver no creer" a la historia?**
   A. Porque la tortuga era ciega y no veía nada.
   B. Porque el águila nunca creyó en su propio potencial.
   C. Porque la tortuga no aceptó no poder volar sino hasta estar cayendo por los aires.
   D. Porque el águila creía en la grandeza del mundo debido a que lo había visto desde las nubes.

4. **El águila dejó caer a la tortuga desde lo alto porque...**
   A. Pensaba que no estaba contenta en sus garras.
   B. Quería que cayera contra el asfalto.
   C. Así entendería que sin alas no podría volar.
   D. Anhelaba que viera lo que ella veía todos los días.

5. **¿Qué le quiere decir el águila a la tortuga cuando le dice que siga su destino?**
   A. Que su destino era ser un ave majestuosa como el águila.
   B. Que no se empeñara en hacer cosas para las que no había sido creada.
   C. Que siguiera intentando aprender a volar por los cielos.
   D. Que continuara su camino y más adelante sabría planear en el aire como ella.

Cita

"Cuidado con el éxito: los laureles de hoy son el abono del mañana."

Tom Peters
Autor de libros sobre gerencia de negocios

EJERCICIO NÚMERO CATORCE

Como en el ejercicio anterior, observa cada palabra que aparece en el cuadro. Visualízala como una imagen sin leerla mentalmente, y luego búscala en la fábula sin emplear más de 15 segundos en cada palabra del primer renglón y 10 segundos en cada palabra del segundo renglón. Cuando termines con la última palabra, lee la fábula en menos de 30 segundos incluida moraleja. Después contesta las preguntas para verificar comprensión. Haz el mismo ejercicio desde el software de Lectura Dinámica.

| puño | sacó | gravilla | vez | uno | verter | recipiente | espacios | agitó | conjeturas |
| resto | aún | demostrar | agua | cabrán | montón | repuso | receptáculo | luego | vida |

El juego de las piedras

Un profesor puso sobre la mesa del salón un frasco de cristal y un montón de piedras del tamaño de un puño. "¿Cuántas piedras caben en el frasco?", preguntó.

Mientras los estudiantes hacían sus conjeturas, fue introduciendo piedras en el frasco hasta llenarlo. Luego preguntó: "¿Está lleno?". Todos asintieron. Entonces sacó de debajo de la mesa un recipiente con gravilla, puso parte de ella en el frasco

Cita

"Calidad significa hacer lo correcto cuando nadie está mirando."

Henry Ford
Fundador de Ford Motor Company

y lo agitó. Las piedrecitas penetraron por los espacios que dejaban las piedras grandes. El profesor volvió a preguntar: "¿Está lleno?". Esta vez, los estudiantes dudaron.

"Tal vez no", dijo uno, y, acto seguido, el profesor sacó un pocillo con arena y la metió dentro del frasco. "¿Y ahora?", inquirió. "¡ahora sí está lleno!", exclamaron los estudiantes. Entonces el profesor tomó un jarro de agua que empezó a verter dentro del receptáculo de vidrio. Éste aún no rebosaba.

Terminada la demostración, preguntó: "¿Qué acabo de demostrar?". Uno de los estudiantes respondió: "Que no importa lo llena que esté tu agenda; si lo intentas, siempre puedes hacer que quepan más cosas".

"¡No!", repuso el profesor, y concluyó: "Si no pones las piedras grandes al principio, después ya no cabrán".

Moraleja: encuentra las piedras grandes en tu vida y en tu trabajo. Programa en tu agenda lo verdaderamente importante y seguro que el resto hallará su lugar.

Cita

"¿Qué tal si a Colón le hubiesen dicho, Cris, cariño, no vayas ahora, espera a que resolvamos primero los problemas más importantes: la guerra, la pobreza y el crimen, la contaminación y la enfermedad, el odio racial…?"

Bill Gates
Empresario estadounidense, cofundador de Microsoft

Ahora verifica tu comprensión lectora:

1. **El frasco de cristal representa...**
    A. Todas las cosas importantes que uno debe hacer.
    B. La agenda de cada persona.
    C. Lo que hay en el corazón de cada uno.
    D. Un espacio para citas laborales.

2. **Identifica causa y efecto: si no acomodas primero las piedras grandes...**
    A. No tendrás después espacio para ellas.
    B. Es que no te interesan.
    C. Tendrás menos espacio para todo lo demás.
    D. Entonces hay la posibilidad de que toda el agua se riegue.

3. **Se podría decir que las piedras grandes reflejan a...**
    A. Tus mascotas y tus conocidos
    B. Tu familia y tu trabajo
    C. Un jefe y sus empleados
    D. Tu profesor y tus compañeros

4. **Según la lógica que llevaba el profesor al meter los objetos al jarro de cristal, se puede decir que...**
    A. La gravilla era lo que más ocupaba espacio.
    B. La arena era más pequeña que la gravilla.
    C. Había más piedras grandes que granos de arena.
    D. Lo primero que metió fue lo más pequeño.

5. **Empresarialmente, ¿qué de lo siguiente no se puede tomar como un consejo de la historia?**
    A. Aprender a manejar bien el tiempo.
    B. Saber cómo dar prioridades.
    C. Conocer que el trabajo está primero.
    D. Distinguir lo importante.

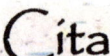

Cita

"La cooperación es la convicción plena de que nadie puede llegar a la meta si no llegan todos."

Virginia Burden
Escritora estadounidense

EJERCICIO NÚMERO QUINCE

Como en el ejercicio anterior, observa cada palabra que aparece en el cuadro. Visualízala como una imagen sin leerla mentalmente, y luego búscala en la fábula sin emplear más de 10 segundos en cada palabra del primer renglón y 5 segundos en cada palabra del segundo renglón. Cuando termines con la última palabra, lee la fábula en menos de 20 segundos incluida moraleja. Después contesta las preguntas para verificar comprensión. Haz el mismo ejercicio desde el software de Lectura Dinámica.

| fin fuerte embargo ventajas llegó ligera orejas causa temor charlar |
| molestias flaquea poseemos oído zumba atemoriza garras siendo pues olvidar |

Dios, el león y el elefante

No dejaba un león de quejarse ante Dios. "Tú me hiciste bien fuerte y hermoso, dotado de mandíbulas con buenos colmillos y poderosas garras en las patas, y soy el más dominante de los animales. Sin embargo le tengo un gran temor al elefante."

--"¿Por qué me acusas tan a la ligera? ¿No estás satisfecho con todas las ventajas físicas que te he dado? Lo que flaquea es tu alma", replicó Dios.

Cita

"No hay nadie menos afortunado que el hombre a quien la adversidad olvida, pues no tiene oportunidad de ponerse a prueba."

Séneca
Filósofo, político y escritor romano

Siguió el león deplorando su situación, juzgándose de pusilánime. Decidió entonces poner fin a su vida.

Se encontraba en esta situación cuando llegó el elefante, se saludaron y comenzaron a charlar. Observó el león que el elefante movía constantemente sus orejas, por lo que le preguntó la causa.

--"¿Ves ese minúsculo mosquito que zumba a mi alrededor?"--respondió el elefante, --"pues si logra ingresar dentro de mi oído, estoy perdido".

Entonces se dijo el león: "¿No sería insensato dejarme morir, siendo yo mucho más fuerte y poderoso que el mosquito que atemoriza al elefante?"

Moraleja: muchas veces, muy pequeñas molestias nos hacen olvidar las grandezas que poseemos.

Cita

"La gente achaca a las circunstancias el ser como son. Yo no creo en las circunstancias. Quienes tienen éxito son aquellos que se levantan y buscan las circunstancias que desean. Y si no las encuentran, las crean."

George Bernard Shaw
Escritor irlandés, ganador del Premio Nobel de literatura en 1925

Ahora verifica tu comprensión lectora:

1. **¿Cuál de las siguientes no era una cualidad del león?**
   A. Era fuerte y hermoso.
   B. Le tenía temor al elefante.
   C. Poseía buenos colmillos.
   D. Sus patas estaban dotadas de poderosas garras.

2. **¿Dónde estaba el problema del león?**
   A. En que era muy engreído.
   B. En que no creía tener cualidades.
   C. En su interior
   D. En su parte física

3. **Si el león fuera alguien dentro de una empresa, sería...**
   A. Un empleado que le echa la culpa al jefe por sus desgracias.
   B. Un jefe que se cree inferior.
   C. Un empleado que conoce sus defectos y los usa para bien de la empresa.
   D. Un jefe que trata a todos como 'mosquitos'.

4. **El mosquito era para el elefante...**
   A. Lo que lo hacía más fuerte.
   B. Su talón de Aquiles
   C. Su media naranja
   D. Un mal necesario

5. **¿Por qué movía el elefante sus orejas?**
   A. Porque también tenía miedo del león.
   B. Porque tenía calor.
   C. Porque quería evitar que el mosquito entrara en su oído.
   D. Porque era algo que hacía diariamente con ellas.

Cita

"Si deseas el éxito no lo busques, dedícate a hacer lo que te gusta, el éxito vendrá por añadidura."

Anónimo

QUINTA APLICACIÓN

Trata de leer la siguiente fábula de 500 palabras en un minuto, utilizando todas las técnicas aprendidas hasta ahora. Si no alcanzas a leer toda la fábula en un minuto la primera vez, detente tan pronto se termine el tiempo y mira el número de palabras al que llegaste. Alterna el ejercicio de este texto con el ejercicio del software de Lectura Dinámica. No olvides contestar las preguntas de comprensión lectora. Luego inténtalo de nuevo y mira el número de palabras que lograste ¿Aumentó? ¿Disminuyó? Luego inténtalo por tercera vez y fíjate nuevamente en el número de palabras al que llegaste. Haz el ejercicio cuantas veces sea necesario hasta que logres leer toda la fábula en un minuto.

Zanahoria, huevo o café

500 palabras

El oro para ser purificado debe pasar por el fuego[10] y el ser humano necesita pruebas para pulir su carácter.[20] Pero lo más importante es la manera como reaccionamos frente[30] a las pruebas.

Una hija se quejaba con su padre acerca[40] de la vida y sus circunstancias difíciles. No sabía cómo[50] hacer para seguir adelante, creía que se iba a dar[60] por vencida, y estaba cansada de luchar. Su padre, un chef[70] de cocina, cierto día la llevó a su lugar de[80] trabajo. Allí llenó tres ollas con agua y las sometió[90] a gran fuego. Pronto el agua de las tres ollas[100] estaba hirviendo. En una puso zanahorias, en otra huevos y[110] en la última puso granos de café. La hija esperó[120] impacientemente,

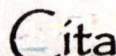 "Como no sabía que era imposible, lo hice."

Albert Einstein
Físico de origen alemán

mientras se preguntaba qué
Pasaron unos[130] veinte
el fuego. Sacó las[140]
un tazón, los huevos los[150]
el café en un[160] tercer
hija le dijo: "Querida,[170]
café" respondió ella. La hizo[180]
las zanahorias; así lo hizo[190]
Luego le pidió que tomara[200]
de quitarle la cáscara,[210]
duro. Finalmente le pidió
ella sonrió mientras disfrutaba
Humildemente[230] la hija preguntó:
Él explicó que[240] los tres
misma adversidad: agua hirviendo,[250]
forma diferente. La zanahoria
de pasar por el agua
débil, fácil de deshacer. El
frágil. Su cáscara fina protegía
de estar en agua hirviendo,
granos de café, sin embargo
por el agua hirviendo,
"¿Cuál de estos[320] tres eres
"Cuando la adversidad[330] llama

estaría haciendo su padre.
minutos y el padre apagó
zanahorias y las colocó en
puso en otro tazón y coló
tazón. Mirando entonces a su
¿qué ves?" "Zanahorias, huevos y
acercarse y pidió que tocara
y notó que estaban blandas.
un huevo y lo rompiera. Luego
observó que el huevo estaba
que[220] probara el café;
su rico aroma.
"¿Qué significa esto, padre?"
elementos habían enfrentado la
pero habían reaccionado en
era dura,[260] pero después
hirviendo se había[270] vuelto
huevo antes había llegado[280]
su interior líquido. Pero después[290]
su interior había endurecido. Los[300]
eran únicos; después de pasar[310]
habían cambiado al agua.
tú?", preguntó a su hija.
a tu puerta, ¿cómo respondes?

Cita

"Ganar no lo es todo, pero querer ganar sí lo es."

Vince Lombardi
Entrenador de fútbol americano de origen italiano

¿Eres una zanahoria, o³⁴⁰ un Querido estudiante, ¿Cómo eres que parece fuerte pero que el dolor llegan a tu vida, tu fortaleza? ¿O acaso eres con un corazón maleable? Poseías después de una muerte, una despido ¿te has vuelto duro te ves igual, pero ¿tienes áspero, con un espíritu y eres⁴³⁰ como un grano agua⁴⁴⁰ hirviente, el Cuando el agua⁴⁵⁰ llega café alcanza su mejor⁴⁶⁰ grano de café, cuando tú reaccionas mejor y haces alrededor mejoren. ¿Cómo ¿Eres una zanahoria, un

huevo o un grano de café?" tú,³⁵⁰? ¿Eres una zanahoria cuando³⁶⁰ la adversidad y te³⁷⁰ vuelves débil y pierdes un³⁸⁰ huevo, que comienza un espíritu³⁹⁰ fluido, pero separación, un divorcio⁴⁰⁰ o un y rígido? Por⁴¹⁰ fuera amargura y te muestras⁴²⁰ un corazón endurecido? ¿O de café? El café cambia al elemento que le causa dolor. al punto de ebullición el sabor. Si eres como el las⁴⁷⁰ cosas se ponen peor, que⁴⁸⁰ las cosas a tu manejas la adversidad?⁴⁹⁰ huevo o un grano de café?⁵⁰⁰

Moralejas:
- En los tiempos difíciles sale a la luz la virtud.
- Los golpes de la adversidad son muy amargos, pero nunca son estériles.

Cita

"Hay una fuerza motriz más poderosa que el vapor, la electricidad y la energía atómica: la voluntad."

Albert Einstein
Físico de origen alemán

Ahora verifica tu comprensión lectora:

1. **¿Cuál es la frase que mejor describe a la historia?**
   A. La adversidad revela nuestras capacidades ocultas.
   B. La vida y sus circunstancias son muy difíciles de soportar.
   C. Cuando la adversidad y el dolor llegan a la vida, nos debilitamos y perdemos fortaleza.
   D. Un auténtico líder vence los fantasmas de los miedos.

2. **¿Cuáles de los elementos mencionados cambiaron la adversidad (es decir, al agua hirviendo)?**
   A. Las zanahorias
   B. Los granos de café
   C. Los huevos
   D. Las ollas

3. **¿Cuál de las siguientes frases no se asocia con la lectura?**
   A. Quien no ha afrontado la adversidad no conoce su propia fuerza.
   B. Quien se mete a redentor resulta crucificado.
   C. No hay mal que por bien no venga.
   D. En las adversidades sale a la luz la virtud.

4. **Una enseñanza que no está contemplada en esta historia es:**
   A. Debemos creer en nuestras capacidades y atrevernos a actuar.
   B. Los golpes de la adversidad son duros, pero nunca son en vano.
   C. Si decimos mentiras corremos el riesgo de no ser tomados en serio en el futuro.
   D. La vida está llena de dificultades, pero en medio de ellas salen a la luz nuestras virtudes.

5. **Según lo leído, ¿cuál no es uno de los principales retos a superar en la realización de nuestros planes?**
   A. Volver a empezar si hemos fracasado en el intento.
   B. Atrevernos y acercarnos a los problemas con creatividad.
   C. No sentirnos víctimas de las circunstancias.
   D. Transformar la crisis en oportunidades.

"Somos creadores y podemos fabricar hoy el mundo en el que viviremos mañana."

Robert Collier
Escritor de libros de metafísica

Sexto paso: Crear e innovar

A partir de este sexto paso haremos más énfasis en la parte del emprendimiento dirigido a negocios o empresas comerciales, pero no olvides que algunos de estos pasos o conceptos puedes adaptarlos también a tu emprendimiento personal de diferentes proyectos de vida.

Sea que tu idea haya surgido por imitación, o por una necesidad insatisfecha, como vimos en el paso tres, tú como emprendedor debes destinar buena parte de tu tiempo a pensar en crear proyectos originales o innovar los ya existentes. Para tener una mentalidad emprendedora debes proponer nuevos caminos o nuevos destinos para llegar al éxito.

Hay quienes crean empresas, pero hay quienes las transforman o mejoran mediante la realización de algo nuevo que logra captar la atención del mercado o sorprender al cliente. Como vimos en el segundo paso, si dedicaste un tiempo para conocer tu entorno y obtuviste tu idea de algún negocio con el cual te identificaste, debes ahora entender todo acerca de ese negocio y estar dispuesto a adaptarlo a tus posibles clientes. Si la idea de negocio nace de una creación tuya y no existe ese tipo de negocio en tu entorno, también debes esforzarte por entender cómo funcionará ese negocio y cómo presentarlo de la mejor manera a tus clientes.

Un innovador es aquel que es capaz de entender, mejor que cualquier otro, lo que está sucediendo a su alrededor, por el conocimiento de sí mismo, de su entorno y de sus clientes, identificando las necesidades de éstos, y aprovechando las nuevas oportunidades que surjan en el mercado, accediendo a las nuevas tecnologías y adaptándolas a su empresa para ofrecer con éxito nuevos productos y servicios.

Cita "La innovación es lo que distingue al líder de sus seguidores."

Steve Jobs
Cofundador de Apple

Test número seis
¿Eres militar?

1. Me gustan los uniformes y los desfiles militares.

2. Doy gran valor a la amistad, la pertenencia a un grupo y lealtad a este.

3. Me gusta la actividad tipo Scout, estar en campamentos, formar parte de un equipo, organizar un campamento.

4. Siento emoción por lo simbólico como medallas, copas y diplomas.

5. Soy competitivo, intento ser el mejor.

6. Me gusta la estrategia, la organización y la disciplina.

7. Me atrae la acción, el despliegue de capacidades físicas.

8. Siento emotividad por una causa o un ideal.

9. Soy formal, convencional y tengo respeto por el cumplimiento de las normas y las reglas de convivencia.

10. Soy sensible a los símbolos patrios y el compromiso con mi patria.

Si contestaste afirmativamente como mínimo a cinco enunciados, tienes potencial para ser militar. Si contestaste afirmativamente a más de siete, definitivamente deberías inclinarte por alguna de las carreras militares. Más aún si contestaste afirmativamente a los diez enunciados anteriores.

En esta categoría clasifican la policía, fuerza aérea, armada o marina nacional, ejército, instructores de gimnasios, supervisores de vigilancia, instructores de vigilantes y escoltas, líderes de grupos como los Scout, etc.

 "No preguntes qué puede hacer por ti el equipo. Pregunta qué puedes hacer tú por él."

Magic Johnson
Ex jugador de baloncesto estadounidense

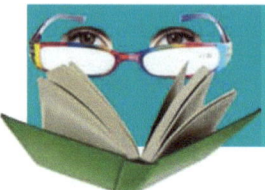

TÉCNICA DE LECTURA NÚMERO 6:
Memoria sensomotriz parte 1

La memoria sensomotriz es la encargada de grabar el orden en que se hacen los movimientos o fijaciones de los ojos en la lectura. Después de haber grabado las fijaciones y campo de visión, la memoria sensomotriz los automatiza y los pasa al control de la parte subconsciente de la mente. Por eso, con estos ejercicios tu memoria sensomotriz

irá registrando, aprendiendo y regrabando las nuevas fijaciones y movimientos de desplazamiento hasta que con la práctica todos ellos se volverán autónomos con eficiente comprensión.

Recuerda que primero debes hacer los seis Ejercicios Preparatorios de las páginas 13, 14, 15, 16, 17 y 18.

EJERCICIO NÚMERO DIECISÉIS

Para seguir ampliando tu campo de visión, los ejercicios 16, 17 y 18 debes desarrollarlos por bloques de dos renglones, siempre fijando la vista en el ojo encima de cada grupo de palabras.

Lee las tres fábulas en máximo 30 segundos cada una y haz los mismos ejercicios desde el software de Lectura Dinámica.

Los dos amigos y el oso

A dos   se aparece
amigos   un oso:

el uno,   en las ramas
temeroso,   de un árbol

> **Cita**
> "La felicidad puede estar escondidita a la vuelta de la esquina, sólo tienes que empeñarte en buscarla."
>
> Anónimo

se asegura;
el otro,

se finge muerto

le acerca lentamente:

según se cuenta, de

sin ofenderlo lo registra y

nariz y la boca; no le

ni el menor movimiento;

sin recelo: «¡Éste está

Entonces el cobarde, de su

abandonado a la ventura,

repentinamente. El oso se

mas como este animal,

cadáveres nunca se alimenta,

lo toca, y le huele la

siente el aliento

y así, se fue diciendo

tan muerto como mi abuelo!»

gran amistad haciendo alarde,

Cita

"Sólo hay dos cosas que nunca vuelven atrás, la palabra pronunciada y la oportunidad perdida."

Anónimo

del árbol se desprende muy

al compañero, pondera la fortuna

y al fin le dice: «¿Sabes

te decía un recado? ¿Qué

que ha sido: Estas varias

amistad de la persona que

te abandona».

ligero, corre, llega y abraza

de haberle hallado sin lesión alguna,

que he notado que el oso

pudo ser?» «Te diré lo

palabras al oído: Aparta tu

si te ve en el riesgo

Moraleja: la verdadera lealtad se demuestra en los momentos difíciles. Ten cuidado de escoger a quién te unes en sociedad.

Cita

"Este es uno de mis mantras: tener un foco y buscar lo simple. Lo simple puede ser más duro que lo complejo: para conseguirlo es un trabajo duro que implica pensar con claridad. Pero vale la pena, una vez que lo lograste puedes mover montañas."

Steve Jobs
Cofundador de Apple

Ahora verifica tu comprensión lectora:

1. ¿Cuál fue la reacción del primer amigo ante el peligro?
   A. Pensó en su amigo y lo protegió.
   B. Buscó con qué golpear al oso.
   C. Se llenó de temor y se subió a un árbol.
   D. No supo qué hacer y se quedó quieto.

2. ¿Se le puede aplicar a la fábula el refrán "las ratas son las primeras en abandonar un barco a la deriva?
   A. No, no se puede aplicar.
   B. Sí, porque el oso abandonó el lugar ya que no comía cadáver.
   C. No, porque no hay ratas en la fábula.
   D. Sí, porque el amigo, cobarde como las ratas, no afrontó la mala situación.

3. En un contexto empresarial, al amigo cobarde se le podría llamar:
   A. Un buen jefe
   B. Un empleado común
   C. Un mal socio
   D. Un cliente constante

4. El amigo cobarde alardea de su amistad y aplaude que su amigo esté sano cuando realmente...
   A. No tiene que hacerlo porque lo ama profundamente.
   B. Demostró ser desleal habiéndolo abandonado.
   C. Está pensando en ir a cazar al oso.
   D. No le gusta vitorear ni ser jactancioso.

5. ¿Por qué pensó el oso que el segundo amigo estaba muerto?
   A. Porque se parecía a su abuelo.
   B. Porque olía mal.
   C. Porque vio que no respiraba ni se movía.
   D. Porque tenía heridas en su cuerpo.

"La llave del éxito depende sólo de lo que podemos hacer de la mejor manera posible."

Henry Longfellow
Poeta y educador estadounidense

99

EJERCICIO NÚMERO DIECISIETE

El leopardo y las monas

No a pares,
a docenas

en Tetuán,
cuando cazaba,

lo veían,
a los árboles

del contrario
tan seguras,

están maduras!»
El cazador

tan vivamente,
que parece

encontraba
las monas

un leopardo.
Apenas

todas se
subían, quedando

que pudieran
decir: «No

astuto se
hace el muerto

cierto. Hasta
las viejas monas,

Cita

"Un gran líder es el que puede ayudar a otros a descubrir su potencial por sí mismos."

Bo Bennett
Escritor y orador motivacional estadounidense

alegres con
el caso y

la más osada
baja, se arrima

huele y aun
tienta, y grita

está muerto
de todo punto;

oler a difunto!»
Bajan todas

y le tocan
la cara,

aquella se
le arrima,

su mano
queda;

y lo arremeda.
Mas luego

juguetonas,
empiezan a saltar:

al muerto
callada; mira,

muy contenta:
«¡Vengan, que

tanto, que
empieza a

con bulla
y algarabía;

y le saltan
encima;

y haciendo
mimos, a

otra se
finge muerta

que las
siente fatigadas

Cita — "El requisito del éxito es la prontitud en las decisiones."

Francis Bacon
Filósofo, padre del Empirismo

de correr,
de saltar y

y, más que
nunca fiero,

de manera
que parecía

los muertos
la campaña,

Es el peor
enemigo el

causar daño,
porque intenta,

asegurar su
golpe de venganza.

hacer monadas,
se levanta ligero

pilla, mata
y devora:

la sangrienta fiera,
cubriendo con

al Cid matando
moros en España.

que aparenta
no poder

inspirando
confianza,

Moraleja: nunca debemos menospreciar la competencia, aun cuando ésta parezca débil.

Cita

METAS Y BÚSQUEDA- "Cuando no sabemos a qué puerto nos dirigimos, todos los vientos son desfavorables" **(Séneca, filósofo, político y escritor romano)** - Si no establecemos un camino, será difícil que lleguemos a destino. Si no tiene metas a alcanzar, no podrá iniciar ningún cambio.

Ahora verifica tu comprensión lectora:

1. **¿Qué refrán se puede asemejar a la actitud del leopardo?**
   A. Era como un lobo vestido con piel de oveja.
   B. Era como perro que ladraba pero no mordía.
   C. Era como un marrano al que le llegó su Nochebuena.
   D. Era como alguien que a hierro mató y a hierro murió.

2. **¿Qué adjetivo describe a las monas?**
   A. Temerosas
   B. Valientes
   C. Atrevidas
   D. Despistadas

3. **¿Por qué se podría aplicar el dicho "el vivo vive del bobo" a la historia?**
   A. Porque gracias a la ingenuidad de las monas el sagaz leopardo se las pudo comer.
   B. Porque las monas vivían de los descuidos constantes de sus enemigos.
   C. Porque los moros se aprovecharon del Cid en España.
   D. Porque las monas viejas se aprovechaban de las jóvenes.

4. **Empresarialmente, un leopardo es:**
   A. Un empresario emprendedor que tiene mejores ideas que la mayoría.
   B. Una competencia que pasa desapercibida pero que puede dar una sorpresa desagradable.
   C. Un empleado promedio que no sobresale en ninguna de sus actividades.
   D. Un jefe que negocia amablemente con todos sus proveedores.

5. **¿Por qué se compara al leopardo con la campaña del Cid?**
   A. Por la cantidad de muertos.
   B. Porque la historia es de la misma época.
   C. Por la similitud física entre ambos.
   D. Porque los dos ganaron la guerra.

Cita

"La magnitud de un líder está dada por la profundidad de sus convicciones, el grado de sus ambiciones, el ángulo de su visión y el alcance de su amor."

Doss Nathan Jackson
Pastor bautista estadounidense

EJERCICIO NÚMERO DIECIOCHO

La loba y la cigüeña

Una loba
se empeña

que anunciaba
sin duda

con apetito;
pero encontró

En vano
la comida

su largo
pico.

lengua y
el hocico,

fuente, que
bien pudiera

si al
exterior fuera.

en dar
una comida

provisiones
de lo más

en la mesa
solamente

picoteaba,
pues era,

La loba,
con la

limpió tan
bien su

servir de
aseadora

Mas de allí
a poco

a la cigüeña.
La convidó

excelente
y exquisito.

un guisado
sobre una

para el
guiso que

con tales
expresiones,

Acepta
alegre, va

panda
fuente.

miraba,
inútil tenedor

 Cita

"Demostrar tu liderazgo significa que cuando surgen los problemas los enfrentas de una manera madura, racional y sincera, por muy molesto que te resulte."

Robin S. Sharma
Experto en liderazgo y desarrollo personal

tiempo, convidada llena. Allí fue su cuello de la garrafa fuese hecho. Envidiosa discurre, huele, se se aburre. Marchó rabo que ni aún tuvo siquiera nada como antaño. pícaros engaño!

de la cigüeña, aflicción; allí su pena: de Roma; mas en vano, de ver que a conveniencia desatina, en fin, entre piernas, tan compungida, la salida de decir ¡También hay para

halla preparada el hocico goloso al pues era tan estrecho chupaba la del pico en

una garrafa de guisado punto asoma al cual si para la cigüeña su presencia, vuelve, tienta,

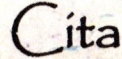

Moraleja: lo que hagas a tus socios algún día otros te lo harán a ti.

Cita

"Pensar es el trabajo más difícil que existe. Quizá sea ésta la razón por la que haya tan pocas personas que lo practiquen."

Henry Ford
Fundador Ford Motor Company

Ahora verifica tu comprensión lectora:

1. ¿Por qué **no** podía comer la loba de la garrafa?
    A. Porque ese guisado había sido preparado especialmente para la cigüeña.
    B. Porque el cuello de la garrafa era muy pequeño y la boca no le cabía.
    C. Porque no tenía un tenedor para sacar la carne del guiso.
    D. Porque se le había quitado el hambre al ver el largo pico de la cigüeña.

2. ¿Qué frase describe lo que le pasó a la loba?
    A. Creyó que se las sabía todas.
    B. Fue más astuta que la cigüeña.
    C. Quedó triste porque no pudo comer guiso.
    D. Se sintió mal ya que su amiga comió menos.

3. ¿Cuál sería una historia similar desde un punto de vista empresarial?
    A. Una empresa que se alía a otra para conseguir mejores resultados.
    B. Un jefe y su secretaria que velan por la buena convivencia en la empresa.
    C. Un empleado que le da una lección a otro y lo hace sufrir las consecuencias.
    D. Un par de socios que tienen un exitoso negocio de delicias gastronómicas.

4. ¿Qué refrán describe lo que hizo la cigüeña con la loba?
    A. Le dio una prueba de su propia medicina.
    B. Tiró la piedra y escondió la mano.
    C. A la tercera fue la vencida.
    D. Lo barato le salió caro.

5. ¿En qué se basó la cigüeña para darle su merecido a la loba?
    A. En su gusto por el guiso de carne
    B. En sus características físicas
    C. En su competitividad
    D. En el hambre que tenía

Cita

PACIENCIA Y ORDEN- "Ten paciencia con todas las cosas, pero sobre todo contigo mismo" **(San Francisco de Sales, obispo de Ginebra)**
- No te preocupes si otros llegan a sus metas antes que tú. Lo más importante es continuar y seguir pendiente de ti mismo, no de los demás.

SEXTA APLICACIÓN

Lee la siguiente fábula de 600 palabras en un minuto, utilizando todas las técnicas aprendidas hasta ahora. Si no alcanzas a leer toda la fábula en un minuto, alterna la aplicación con el software de Lectura Dinámica y mira el número de palabras al que llegaste. Luego inténtalo de nuevo y evalúa tu progreso. Haz el ejercicio cuantas veces sea necesario hasta que logres leer toda la fábula en un minuto. Después contesta las preguntas para verificar tu comprensión de lectura.

El mago del método

600 palabras

Había una vez, en un país muy lejano, un mago[10] con cuyo método, aseguraba, uno podía conseguir cualquier cosa. El[20] propio mago, a pesar de llevar una vida casi austera,[30] parecía ser una persona inmensamente feliz y satisfecha, y muchos[40] aseguraban que era uno de los grandes sabios de su[50] tiempo. Un día un joven fue a visitar al mago.[60] Venía de un torneo en el que había conocido a[70] la bella hija del rey donde se había enamorado perdidamente[80] de ella. "Mago, enseñadme un método para conquistar a la[90] princesa y os cubriré de oro", le dijo, y el[100] mago aceptó el encargo. "Bien", comenzó el mago, "lo primero es[110] pasar mucho tiempo con la princesa para irla conociendo. Ella[120] adora montar a caballo, por lo que tendréis que empezar[130] a cabalgar por los mismos bosques que ella". El joven[140] puso mala cara. "Me gustaría, pero es que mi caballerizo[150] es un patán,

---

Cita

"La única oportunidad que no se debe aprovechar es la oportunidad de hacer el mal."

Anónimo

tiene los caballos hechos una heridas. Aunque he intentado tome su trabajo en serio no[180] pareció sorprendido. "Bien", caballerizo?". "Oh, lo haría", mucho trabajando con y no me gustaría enemistarme mago, "es una contrariedad seguir[230] con el resto del método". prosiguió, "es mostraros lo más Llamad a vuestro sastre y maravilloso". Nuevamente, el "Imposible, mago",[270] replicó, costoso. Siempre comienza pero el traje que me entrega empezamos con los arreglos: botón allá… Y claro, al final mi padre ya me ha suspendido

El mago lo miró en silencio. fin… intentemos otra cosa: dotes de liderazgo. Haced que maniobras militares en las estratega y guerrero que el[370] joven parecía casi decís… Mis[380] hombres tienen

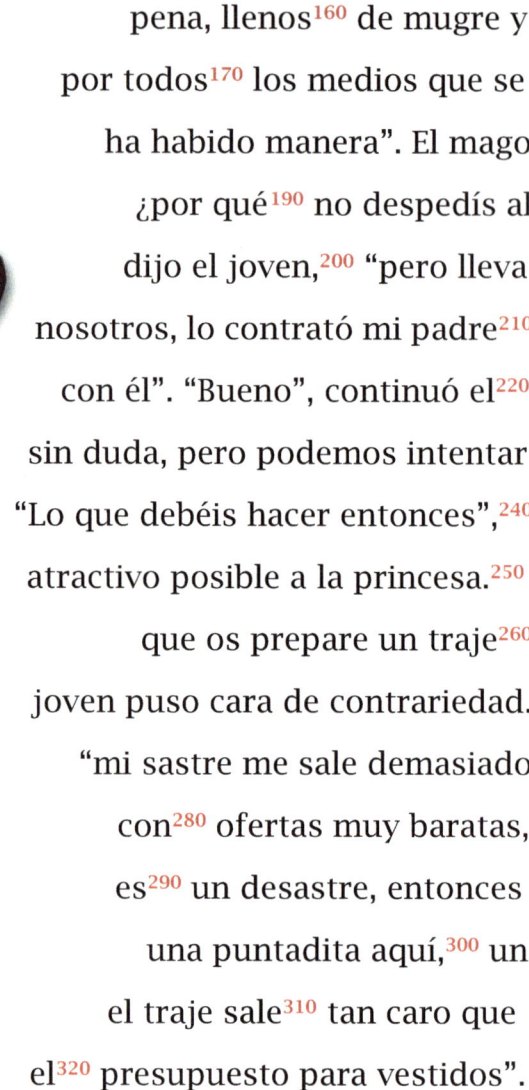

pena, llenos[160] de mugre y por todos[170] los medios que se ha habido manera". El mago ¿por qué[190] no despedís al dijo el joven,[200] "pero lleva nosotros, lo contrató mi padre[210] con él". "Bueno", continuó el[220] sin duda, pero podemos intentar "Lo que debéis hacer entonces",[240] atractivo posible a la princesa.[250] que os prepare un traje[260] joven puso cara de contrariedad. "mi sastre me sale demasiado con[280] ofertas muy baratas, es[290] un desastre, entonces una puntadita aquí,[300] un el traje sale[310] tan caro que el[320] presupuesto para vestidos".

Meneó[330] la cabeza y dijo "en mostradle[340] a la princesa vuestras vuestros[350] hombres organicen que os mostraréis como[360] gran seguramente sois". De nuevo, llorar. "No sabéis lo que una rutina muy marcada, y

---

Cita

"Son muchas las manos y los corazones que contribuyen al éxito de una persona."

Walt Disney
Animador estadounidense, cofundador de The Walt Disney Company

en el momento[390] en el que les toca se quejan, protestan, órdenes…[410] Si empiezo a tendré problemas". El mago[420] segundos. "Muy bien, tengo la noches, antes de acostaros, poción, por la que os oro. En un tiempo, la princesa pies". Por fin, el joven saltó loco necesitaba! En verdad sois finalmente funciona no solo cubriré de oro como prometí". señor comenzó con las gárgaras. joven hizo gárgaras y más se enrojeció y casi perdió el daba muestras de notar otra poción, y otra, y otra nada. Entonces, enfurecido, "¡Me habéis engañado!", gritó sonriendo. "Bueno, mi señor, no "pensé que si el caballerizo, el tomaban por tonto, yo también

les pida algo más de lo que[400] e incluso desobedecen las pedirles nuevos esfuerzos meditó de nuevo unos solución",[430] dijo. "Todas las haréis gárgaras con[440] esta cobraré mil monedas de[450] acabará rendida a vuestros[460] de alegría. "¡Esto[470] es lo que un gran mago,[480] y si la poción ganaréis estas[490] mil monedas, os Esa misma noche[500] el joven Durante un mes,[510] dos, tres, el gárgaras hasta[520] que la garganta habla,[530] pero la princesa no siquiera su[540] presencia. Compró más. Pasó[550] un año entero, y marchó donde el[560] mago. al mago. El mago lo[570] miró podéis culparme", le respondió,[580] sastre y vuestros hombres[590] os quizás debería probar suerte"[600].

Moralejas:
- El que algo quiere, algo le cuesta.
- Sigue haciendo lo mismo de siempre y los resultados serán los mismos de siempre.

Cita

"Son líderes quienes, por medio de una comunicación eficaz, influyen a otros a seguirlos."

Barry Bowater
Consultor de gestión empresarial

Ahora verifica tu comprensión lectora:

1. **La historia anterior se puede resumir en la siguiente frase:**
   A. A grandes males, grandes remedios
   B. Si alguien quiere llegar a la cima de una montaña debe subirla usando su propio tiempo y esfuerzo.
   C. Siempre es bueno buscar y emplear del poder de los expertos.
   D. Queriendo hacerlo mejor, a veces estropeamos lo que está bien hecho.

2. **El joven de la historia tipifica a:**
   A. Un emprendedor con deseos de superación
   B. Un jefe pusilánime y que les tolera demasiado a sus empleados.
   C. Una persona que no confía en sí misma
   D. Un negociante arriesgado y audaz al que le va bien en todo.

3. <u>**No**</u> **es un personaje de esta historia:**
   A. La bella princesa
   B. El sastre
   C. El caballerizo
   D. El zapatero

4. **Un valor y un compromiso que nos puede dejar la anterior enseñanza es:**
   A. Convicción y seguridad en nosotros mismos para hacer las cosas.
   B. Aceptar el fracaso como camino hacia el éxito.
   C. Atreverse a enfrentar riesgos, para lanzarse a la aventura.
   D. Aprovechar las circunstancias y vivir de los más ingenuos.

5. **Marca la enseñanza que se ilustra en la historia como una característica fundamental en los emprendedores:**
   A. Minimizar el temor al riesgo.
   B. Si alguien quiere prosperar en sus planes debe trabajar duro para poder llegar a la meta.
   C. Actuar con responsabilidad nos hace más eficaces.
   D. La magia no funciona.

 "Los pequeños actos que se ejecutan son mejores que todos aquellos grandes que se planean."

George E. Marshall
Director cinematográfico y televisivo estadounidense

Séptimo paso: Asumir riesgos

Cuando te enfrentas a dos o más opciones, en donde puedes ganar o perder, sin poder conocer de antemano los resultados a que conducirá cada una, entonces, además de enfrentar la incertidumbre, te estás enfrentando a un riesgo. Todo riesgo encierra la posibilidad de ganar o de perder; cuanto mayor es el riesgo, tanto mayor es la posible pérdida.

Las principales características de los emprendedores, entre muchas otras, son que tienen mayor tolerancia a la incertidumbre y están dispuestos enfrentar riesgos, a cometer errores y a asumir los fracasos, aprendiendo de ellos.

El simple hecho de emprender una empresa obliga al empresario a asumir las consecuencias de sus decisiones. Hablando en términos de negocio, muchos emprendedores tienen que dejar sus trabajos seguros sin tener ingresos fijos durante algún tiempo, comprometiendo de esta manera a su familia en proyectos considerados como riesgosos y con muchos obstáculos y factores en contra.

El emprendedor, en términos de negocios, debe ser una persona que busca las oportunidades y no la seguridad o estabilidad laboral. Es una persona que prefiere los desafíos de la vida por sobre la existencia garantizada, pues sabe bien que el éxito no es otra cosa que la sumatoria de fracasos bien concebidos, y que el secreto está en la cantidad de veces que se cae y se vuelve a levantar. Lo anterior no significa que el emprendedor sea un jugador imprudente.

Como emprendedor debes saber evitar las situaciones en que el riesgo es excesivo, porque lo que quieres es triunfar. Por lo tanto debes saber evaluar con

Cita

"El maestro mediocre, dice. El buen maestro, explica. El maestro superior, demuestra. El gran maestro, inspira."

William Arthur Ward
Escritor motivacional estadounidense

realismo cuáles riesgos vale la pena correr y cuáles no, rebajando el nivel de riesgo en todas las decisiones que tomes, minimizando el impacto que las incertidumbres pueden tener en el desarrollo de tu estrategia y gestión empresarial.

Por tal motivo debes seguir los pasos anteriores para aclarar tus ideas, conocerte a ti mismo, conocer bien tu entorno, planear una estrategia adecuada, y razonar y monitorear de manera permanente la situación en cuanto a los niveles de riesgo, ya que esto es fundamental y forma parte del pensamiento estratégico.

Como ya lo hemos dicho reiteradamente, emprender es un proceso transversal en todas las áreas de tu vida, por tanto, este análisis de riesgos no debe solamente efectuarse antes de encarar una nueva actividad de inversión o de negocio, sino en todo momento, pues la misma incertidumbre que tienes cuando emprendes un negocio la puedes tener también cuando empiezas a trabajar en una nueva empresa, cuando te dispones a formar una familia, o cuando te planteas cualquier otro cambio en tu vida.

Antes de emprender cualquier actividad o inversión, debes analizar sistemáticamente si implica o no riesgos. Cuando llegues a la conclusión de que ciertas alternativas entrañan determinados riesgos, tu resolución de asumirlos o no cobra una importancia decisiva. Tu capacidad como empresario para asumir riesgos aumenta si:

1. Tienes confianza en ti mismo.
2. Estás dispuesto a poner en juego toda tu capacidad para incrementar al máximo tus probabilidades de éxito.
3. Sabes evaluar con realismo tanto los riesgos como tu propia capacidad para influir en dichas probabilidades.
4. Consideras los riesgos desde el punto de vista de las metas que te has propuesto.

IMAGEN- "Nunca tendrás una segunda oportunidad para dar una primera impresión" **(Anónimo)** - En esta sociedad audiovisual en la que estamos insertos, la imagen es un aspecto que no debemos descuidar.

Test número siete
¿Eres del tipo profesional independiente?

1. No me da miedo arriesgarme aunque pueda fracasar y perderlo todo. V F

2. Me motiva emprender cosas nuevas. V F

3. Me gusta hacer planes, proyectar, organizar, detallar, etc. V F

4. Me cuesta acomodarme a situaciones reglamentarias y estructuradas. V F

5. Mantengo en la mente las cosas que tengo por realizar. V F

6. No me siento agobiado por la cantidad de trabajo o tareas que debo realizar, sé organizarme. V F

7. Me gustaría ser el dueño de una empresa. V F

8. No me gusta cumplir horarios ni estar bajo la supervisión de nadie. V F

9. Me incomoda que me den órdenes. V F

10. No me emociona ocupar un cargo muy importante en alguna empresa. V F

11. Soy creativo y tengo muy buenas ideas. V F

12. Las cosas que más me gusta realizar tienen relación con la manualidad. V F

Cita

"Si uno se deja llevar hacia sus sueños, y pone empeño en vivir la vida que se ha imaginado, no tardará mucho en conocer las mieles del éxito inesperado."

Henry David Thoreau
Escritor y filósofo estadounidense

13. Me gusta arreglar artefactos. ☐V ☐F

14. Me gusta usar herramientas. ☐V ☐F

15. Me gusta soñar en grande. ☐V ☐F

16. Soy autodidacta en muchos aspectos. ☐V ☐F

17. No soy muy apegado a las personas ni a las cosas. ☐V ☐F

18. Si fracaso alguna vez en algo, no me da miedo intentarlo de nuevo aunque volviera a fracasar. ☐V ☐F

19. No me incomoda si tengo que trabajar hasta tarde en mis propias cosas. ☐V ☐F

20. Cuando algo me gusta sé que puedo conseguirlo aunque a todos les parezca imposible. ☐V ☐F

Si contestaste afirmativamente como mínimo a diez enunciados, tienes potencial para ser empresario o negociante independiente. Si contestaste afirmativamente a más de catorce, definitivamente deberías inclinarte por alguna de las muchas opciones independientes, más aún si contestaste afirmativamente a los veinte enunciados anteriores.

En esta categoría clasifican dueños de negocios, firmas, compañías o empresas, sin importar el tamaño, género o tipo de actividad de las mismas. Vendedores independientes, ingenieros contratistas, inversionistas, profesores personalizados que trabajan por cuenta propia, traders o intermediarios de negocios varios, etc.

Cita

"Al establecer la reputación de ser una persona que siempre presta más y mejores servicios que aquellos por los que le pagan, se beneficiará cuando lo comparen con todos aquellos a su alrededor que no prestan esa clase de servicios, y el contraste será tan perceptible que habrá una intensa demanda de sus servicios, sin importar qué clase de trabajo desempeñe usted a lo largo de su vida."

Napoleón Hill
Escritor de libros de autoayuda y superación

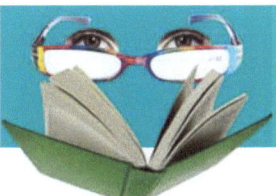

TÉCNICA DE LECTURA NÚMERO 7:
Memoria sensomotriz parte 2

PIRÁMIDES

La intención principal de los siguientes ejercicios es continuar ampliando tu visión periférica, a la vez que disminuyes el número de fijaciones. Por supuesto, no debes limitar estos ejercicios solamente al contenido de este libro, o del software complementario. Debes practicar en todo momento y con todo tipo de lectura: en la calle, el cine, el colegio, con la televisión, etc.

Recuerda que tu mente debe actuar como una cámara fotográfica que captura imágenes. Tu mente recibirá esa impresión completa, ya no por sílabas, sino por palabras y bloques de palabras.

Recuerda que primero debes hacer los seis Ejercicios Preparatorios de las páginas 13, 14, 15, 16, 17 y 18.

EJERCICIO NÚMERO DIECINUEVE:

El ejercicio de pirámides no sólo amplía tu visión central y tu visión periférica, sino que además disminuye el número de fijaciones, por eso, repite estos ejercicios cuantas veces sea necesario hasta que tus ojos capten la última línea con una sola fijación y como si se tratara de una sola imagen.

Para este ejercicio debes tratar de mirar cada renglón sin quitar la vista de la línea azul que atraviesa la pirámide. No olvides hacer los mismos ejercicios 19, 20 y 21 desde el software de Lectura Dinámica y contestar las preguntas de comprensión lectora.

La
confianza
en ti mismo
es el primer secreto
que te permitirá alcanzar el éxito.

Un
optimista
ve oportunidades
en cualquier calamidad.
Un pesimista, ve calamidades
en cualquier tipo de oportunidad.

> **Cita**
> "No puedo decir que haya trabajado un solo día de mi vida. No es trabajo cuando uno ama lo que está haciendo."
>
> David Shakarian,
> Fundador de General Nutrition

El éxito no está en vencer siempre, sino en nunca desanimarse.

La motivación nos impulsa a comenzar y el hábito nos permite continuar.

El perezoso viaja tan despacio que la pobreza no tarda en alcanzarlo inevitablemente.

Una persona triunfadora es la que construye un sólido edificio, con los ladrillos que le van tirando todos los que quieren golpearlo.

La felicidad no es una estación de llegada, sino un modo de viajar más confortable y seguro.

Lo importante no es lo que nos hace el destino, sino lo que nosotros hacemos de él.

Cita

ESCUCHAR- "Si Dios nos creó con dos orejas, dos ojos y una sola boca, es porque tenemos que escuchar y ver dos veces antes que hablar. No abras los labios si no estás seguro de que lo que vas a decir es más hermoso el silencio" **(proverbio árabe)** - Si aprendemos el don de escuchar, habremos adquirido un extraordinario 'secreto' para adquirir el éxito en la vida en general.

EJERCICIO NÚMERO VEINTE

Continúa con el ejercicio de pirámides mirando cada renglón sin quitar la vista de la línea azul que atraviesa la pirámide. Nota que esta vez la última línea es cada vez más larga.

Si
quieres
comprender
la palabra felicidad,
tienes que entenderla
como recompensa y no como fin.

En
el camino
de tu vida, no es tan
importante la distancia a que
has llegado, sino la dirección que llevas.

Me
puedo
caer, me
puedo herir,
puedo quebrarme,
pero con todo eso jamás
desaparecerá mi fuerza de voluntad.

Si
hay
un secreto
del buen éxito
reside en la capacidad
para apreciar el punto de vista
de tu prójimo y ver las cosas desde
ese punto de vista, así como del tuyo propio.

Cita

"Liderazgo significa que un grupo, grande o pequeño, está dispuesto a confiar la autoridad a una persona que ha demostrado capacidad, sabiduría y competencia."

Walt Disney
Animador estadounidense, cofundador de The Walt Disney Company

El
éxito
es como
un medio de
transporte que
todos los días pasa, pero
si no te subes tú se subirá otro.

Para
tener éxito,
debes saber qué
es lo que estás haciendo,
te debe gustar lo que estás haciendo
y debes creer en lo que estás haciendo.

El
éxito
es lo que
nos da confianza
para poner en práctica
lo que el fracaso nos ha enseñado.

El
único
lugar donde
el éxito se encuentra
antes que el trabajo... es en el diccionario.

El
éxito
consiste en
obtener lo que se desea.
La felicidad, en disfrutar lo que se obtiene.

Las
personas no
son recordadas por
el número de veces que fracasan,
sino por el número de veces que tienen éxito.

Cita

"No perdamos de vista los factores más importantes que llevan un liderazgo exitoso: el compromiso, una pasión por dejar huellas, una visión por lograr un cambio positivo y el coraje para la acción."

Larraine Matusak
Investigadora y educadora en temas de liderazgo

EJERCICIO NÚMERO VEINTIUNO

Lee las siguientes fábulas sin quitar la vista de la línea azul que atraviesa la pirámide. Esta vez las últimas líneas son más largas.

El jardinero y su amo

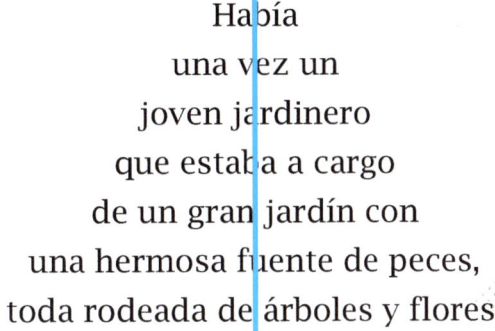

Había
una vez un
joven jardinero
que estaba a cargo
de un gran jardín con
una hermosa fuente de peces,
toda rodeada de árboles y flores.

El
muchacho
estaba tan preocupado
de que las flores crecieran
sanas y bellas que, sin darse cuenta,
se olvidó de cuidar de los peces de la fuente.

Entonces, el
dueño de casa
lo llamó y le dijo:
— Aunque me gustan las
flores, también quiero a mis
peces. Por favor no los descuides.

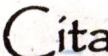

Cita

"La tarea de un líder es llevar a su gente de donde está, hasta donde no haya llegado jamás."

Henry Kissinger
Político estadounidense alemán

Y, como
el jardinero era
una persona muy diligente,

puso
el mayor
de los cuidados
en los peces y en su fuente.

Pero
se afanó
tanto en esta tarea
que muy luego descuidó las flores.

Entonces,
el dueño de casa
lo volvió a llamar y
lo reprendió de nuevo:

— Amigo mío,
para que yo pueda
considerarte un buen jardinero
debes cuidar tanto de mis flores

como
de mis peces.
Apréndelo bien. Y al joven
jardinero nunca más se le olvidó.

Moraleja: cuando perfecciones una obra o te dediques con pasión a ella, preocúpate de que no sea a costa de descuidar o arruinar otra.

Cita

PERSUASIÓN Y FLEXIBILIDAD- En la vida los bloques de granito se hunden; los corchos siguen flotando (**Auguste Renoir, pintor francés**) - Debemos ser flexibles y persuasivos. Sugerir, dialogar, comprender, escuchar, interrogar y jamás discutir con el posible cliente.

Ahora verifica tu comprensión lectora:

1. ¿Qué refrán se puede aplicar a lo que le pasaba al muchacho de la fábula?
    A. Al que madruga Dios le ayuda.
    B. No solo de pan vive el hombre.
    C. Por querer hacer más hizo menos.
    D. De la flor marchita nace un jardín.

2. Al final de la historia...
    A. El dueño de la casa no quedó contento.
    B. El joven aprendió de su error.
    C. Las flores se secaron por falta de agua.
    D. El jardinero decidió no cuidar más los peces.

3. Comparándolo con un contexto empresarial, el amo era como:
    A. Un jefe que le quería enseñar sobre multitareas.
    B. Un jefe desinteresado de sus posesiones.
    C. Un jefe que no le pagaba bien a sus empleados.
    D. Un jefe demasiado exigente.

4. ¿Cuál de las siguientes características no describe al jardinero?
    A. Diligente
    B. Joven
    C. Interesado en aprender
    D. Desconsiderado

5. ¿De qué estaba a cargo el jardinero?
    A. De los peces de la fuente
    B. De las flores del jardín
    C. Del jardín, la fuente, y todo lo que había allí
    D. De toda la casa y lo que la rodeaba

> **Cita**
> "Los líderes que prometen sangre, sudor y lágrimas siempre consiguen más de sus seguidores que aquellos que les prometen seguridad y buenos momentos."
>
> George Orwell
> Escritor y periodista británico

El león y los excursionistas

Dos excursionistas se encontraban en los adentros de una peligrosa selva cuando de repente se encuentran de frente con un gran león hambriento,

uno de los excursionistas se asusta y queda paralizado mientras que el otro se quita saca sus zapatos lentamente y se pone unas zapatillas deportivas que tenía guardadas en su mochila.

El excursionista asustado le pregunta:
- "Para que te pones zapatillas, aunque corras con ellas lo más rápido que puedas no vas a ser más veloz que el león". A lo que el otro contesta:
- "Solo me hace falta ser un poco más rápido que tú".

Moraleja: para ganar terreno en el mundo empresarial hay que competir con sagacidad e inteligencia.

Cita

"Hay un gran número de personas que fracasan principalmente a causa de no haber concebido una clara idea de lo que desean."

Stephen Covey
Autor de libros motivacionales

Ahora verifica tu comprensión lectora:

1. ¿Por qué se asustó uno de los excursionistas?
   A. Porque se encontraban dentro de una selva muy peligrosa.
   B. Porque se quedó paralizado y no pudo moverse.
   C. Porque su compañero lo dejó solo.
   D. Porque se encontró de frente con un león hambriento.

2. ¿Para qué uno de los excursionistas se quitó sus zapatos?
   A. Para golpear al león con ellos.
   B. Para ponerse sus zapatillas y así poder correr más rápido.
   C. Para golpear al otro excursionista y hacerlo volver en sí.
   D. Para distraer al león y así salir corriendo.

3. Si fuera un contexto de negocios, ¿cuál de los dos empresarios tendría más posibilidades de ser comido por la competencia?
   A. El que se alistó para tomar el negocio.
   B. El que se quedó paralizado por el miedo.
   C. El que fue más veloz para capturar al cliente.
   D. El que tenía la convicción de tener más argumentos.

4. ¿Qué le dijo un excursionista al otro cuando lo vio ponerse sus zapatillas?
   A. Que aunque corriera muy rápido, no iba a poder correr más rápido que el león.
   B. Que no se preocupara ya que el león iba a salir corriendo muy velozmente.
   C. Que aunque se esforzara no iba a ser tan veloz como él.
   D. Que las zapatillas no le servían para correr más rápido.

5. ¿Cuál de los dos excursionistas fue más astuto?
   A. El que actuó con prudencia y se quedó quieto para que el león no se lo comiera.
   B. El que se puso los tenis para salir corriendo sin temor a que el león lo alcanzara.
   C. El que le lanzó los zapatos al león y salió corriendo.
   D. El que se quitó sus zapatos y se los prestó a su compañero.

Cita

"El verdadero liderazgo debe ser para el beneficio de los que siguen, no para el enriquecimiento de los líderes."

Robert Townsend
Presidente ejecutivo de Avis Rent a Car

SÉPTIMA APLICACIÓN

Lee la siguiente fábula de 700 palabras en un minuto, utilizando todas las técnicas aprendidas hasta ahora. Si no alcanzas a leer toda la fábula en un minuto la primera vez, detente tan pronto se termine el tiempo y mira el número de palabras al que llegaste. Compara con las otras lecturas y ve si estás aumentando tu velocidad de lectura y si tu comprensión mejoró o empeoró.

Luego intenta nuevamente leer la fábula sin pasarte de un minuto. Hazlo cuantas veces sea necesario hasta que puedas leerla totalmente en un minuto, alterna con la aplicación desde el software de Lectura Dinámica. Después contesta las preguntas para verificar tu comprensión de lectura.

Un pavo real en el reino de los pingüinos
700 palabras

Los pingüinos dominaban la tierra siempre eran sabios y estimados, pero eran parecidas: Los altos ejecutivos Los departamentos de desarrollo sobre el buen comportamiento de quiera triunfar tiene que ser como

Los[60] pingüinos eran jefes ordenados, creía que eran más volubles y menos confiables. Los mayores[80] llevaban a los menores por el camino del éxito.

Un[90] día, los mayores conocieron unas aves muy interesantes que llamaron[100] su atención por su capacidad gerencial, experiencia y realizaciones. Decidieron[110] llevarlas a su país. Entre ellas se encontraba Pedro, el[120] pavo real, quien realmente era una antítesis de la pingüinidad.[130] Era un ave

llamada el Mar de las[10] Empresas. No siempre tenían[20] el mando. Las empresas y[30] gerentes eran los pingüinos. ofrecían programas[40] de capacitación los pingüinos. Aconsejaban:[50] "quien nosotros y punto."

leales; trabajaban en equipo, pues se[70]

> **Cita**
> "El futuro de los niños depende del presente en el que vivan."
>
> Anónimo

bullanguera y llena de colorido radiante. Sabía escribir, manejaba bien los presupuestos, era imaginativo, creativo, sensato y práctico. Era distinto y sus logros, profesionales e impactantes.

A Pedro le interesaban los pingüinos por lo maravilloso que había leído y oído de ellos, también le interesaba su rico país, donde eran bien pagadas las aves.

Al principio todo funcionó a las mil maravillas. Pedro no quería ser ostentoso, recogía sus plumas, y solo pingüinos ocasionalmente. Quería ser

las desplegaba para impresionar a los tomado en serio y tener éxito.

En el Reino del Aprendizaje había aves que las hacían diferentes de las demás, elegantes y extrañas.

con características propias y únicas sabias, poderosas, de caza, raras,

El país era bullicioso, hervía en Todos tenían que trabajar mucho. El

actividad y abundaba la competencia. ambiente era estimulante pero duro. El lema del reino del Aprendizaje era IMAGINA, INTENTA, PRUEBA Y REALIZA. Lo único que importaba eran el talento, la inteligencia, la iniciativa, la creatividad y las realizaciones como valores principales.

Pedro el pavo real, tenía diferentes retos, debía aprender a comportarse como todo un pingüino. Pero con el paso del tiempo vinieron los problemas…

> **Cita**
>
> "Un líder es alguien a quien sigues a un lugar al que no irías por ti mismo."
>
> **Joel A. Barker**
> **Escritor de libros de liderazgo**

Para todos era un hecho que el pavo real[330] era talentoso y productivo. Estaban contentos con los notables resultados[340] de su trabajo, pero incomodaba su naturaleza llamativa y vistosa.

Un[350] par de pingüinos mayores protectores trataron de instruirlo. Le dijeron[360] que se vistiera como pingüino o que pintara sus alas[370] de negro y blanco. Pedro quería saber qué tenía de[380] malo. Ellos respondieron que tenía que comportarse como ellos para[390] que todos se sintieran bien. Pedro preguntaba por qué simplemente[400] no podía ser como era.

Y le respondían que así[410] eran las él[420] discutía su dilema con otras aves problemas.

Las aves se dieron cuenta que había[440] en el reino de[450] los pingüinos. Los que eran[460] partidarios de la diversidad,

Las aves[470] exóticas decidieron tratar de[480] sus jefes los pingüinos. Y así convertirse en agentes de cambio: haciendo algo bien hecho o más o

Actúa[510] a partir de supuestos que precaución,[520] por supuesto.

Viola la política pingüinaria, si te en enigmas.

cosas en ese país. Pasaba el tiempo y que se enfrentaban a[430] los mismos

algo en común, ninguna había crecido pingüinos por su parte argumentaban pero sus acciones los traicionaban.

de cambiar la cultura tan arraigada todas desarrollaron estrategias para[490] Sorprende a tu jefe cuando esté[500] menos bien hecho…

quisieras fueran verdaderos, con

pescan sírvete de[530] la respuesta pródiga

Cita

"No basta saber, se debe también aplicar. No es suficiente querer, se debe también hacer."

Johann Wolfgang Goethe
Escritor y científico alemán

Expón tus nuevas ideas ante los⁵⁴⁰ donde no les incomode tener que⁵⁵⁰

Pedro,⁵⁸⁰ el pavo real, fue el primero que ante lo ocurrido⁵⁹⁰ decidió marcharse a un nuevo país, un naciente Oportunidades; allí los trabajadores aparentando ser lo que⁶²⁰ no eran. son⁶³⁰ indispensables ACEPTACIÓN opiniones garantizaba mejoras⁶⁴⁰ ENGRANDECE (e pluribus maximus).

Todas⁶⁵⁰ las aves exóticas se alejaron al Reino de las Oportunidades donde nunca. Una nueva libertad les permitió Comprendieron que el Reino⁶⁹⁰ de las una actitud.⁷⁰⁰

pingüinos mayores en situaciones dar respuesta.

Las estructuras y sistemas eran rígidos e inquebrantables. Las⁵⁶⁰ aves exóticas comprendieron que el estilo de trabajo pingüinario no⁵⁷⁰ se podía cambiar. Se hallaban frustradas, decepcionadas y tristes.

lugar descrito⁶⁰⁰ como el Reino de las y⁶¹⁰ los jefes no perdían su tiempo Sabían que para triunfar en una empresa y CONFIANZA. El intercambio de constantes. El lema era: LA DIVERSIDAD

del país de los pingüinos y llegaron prosperaron y⁶⁷⁰ se desarrollaron como volar⁶⁸⁰ a cada uno según su manera. Oportunidades es un estado mental y

Moralejas:
- Ay de ti, hombre, que te encuentras con los brazos cruzados... si de ese tamaño es tu pereza, de ese tamaño va a ser tu pobreza.
- Si quieres cambiar al mundo, cámbiate a ti mismo.

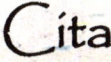

"El espíritu de grupo es lo que da a muchas empresas una ventaja sobre sus competidores."

George L. Clements
Empresario estadounidense

Ahora verifica tu comprensión lectora:

1. **Como rasgo característico los pingüinos de la historia no son:**
    A. Radiantes y bullangueros
    B. Partidarios de la diversidad
    C. Excluyentes, sólo se sentían bien entre ellos mismos.
    D. Ordenados y leales

2. **Se mencionan dos reinos en la historia, estos son:**
    A. Reino de las Empresas y Reino de las Oportunidades.
    B. Reino Pingüinario y Reino de las Empresas.
    C. Reino del Aprendizaje y Reino de las Oportunidades.
    D. Reino de los Pingüinos y Reino de las Aves Exóticas.

3. **Un hecho que no es relevante en la historia es:**
    A. La inteligencia y la fuerza hace que nos admiren.
    B. Los pingüinos tienen autoridad de mando.
    C. Las empresas de los pingüinos son poco flexibles a los cambios.
    D. Las aves exóticas aspiran a progresar tratando de aparentar algo que no son.

4. **El lema en el Reino de las Oportunidades es:**
    A. Aceptación y confianza
    B. Servicio, confiabilidad y amabilidad
    C. Imagina, Intenta, Prueba y Realiza
    D. La diversidad engrandece

5. **¿Cuál de las siguientes no es un ejemplo de emprendimiento empresarial en la lectura?**
    A. Todos aquellos que forman parte de nuestro equipo son importantes y valiosos.
    B. Las personas de mente muy cerrada no prosperarán jamás.
    C. Debemos trabajar sobre seguro sin correr riesgos por pequeños que éstos sean.
    D. Debemos cambiar, no porque alguien lo pida, sino porque se hace necesario y es favorable para llegar al éxito.

Cita

"Educar es amar, cuidar con ternura y dedicación una semilla, con la ilusión que un día dará sus frutos."

Anónimo

Octavo paso: Trabajar en equipo

Por supuesto que tienes grandes capacidades, conocimiento y confianza en ti mismo para emprender, pero debes aceptar que también tienes algunas o muchas limitaciones. Puede ser la limitante del tiempo, o la limitante de conocimiento (hay cosas que no sabes cómo hacer), o la limitante profesional, por ejemplo, si no eres contador no puedes llevar tu propia contabilidad legalmente ante el estado, o la limitante de recursos económicos, etc.

Piensa en una gran empresa, puede ser una multinacional, y te darás cuenta que directa e indirectamente ha habido muchas personas involucradas. ¿Has pensado que tu emprendimiento se puede convertir en una gran empresa? Para ello necesitas un gran equipo humano.

Para empezar, es importante que distingas aquello que tu empresa va a necesitar y que tú no puedes hacer solo. Luego, identifica las cosas que conviene que hagas por tu cuenta, ya sea por gusto o por necesidad, aquellas que requieren de los conocimientos y habilidades que tú posees.

Como buen emprendedor debes dedicar mucha atención a tu sueño pero mucha más al equipo que te ayudará a hacer realidad ese sueño. Este equipo puede estar conformado por amigos, familiares, instructores, etc., y si se trata de un negocio o empresa comercial, tu equipo puede requerir socios, accionistas, proveedores, aliados, vendedores, colaboradores, etc. Se trata, en sus inicios, de una unión con aliados estratégicos algunos de ellos temporales, que le aportan conocimiento, técnicas, apoyo legal y contable y otras materias, conformando estructuras flexibles, que le permitan satisfacer las expectativas a tus clientes.

La clave es saber conformar el equipo y no sentirse solo, estableciendo la comunicación y el contacto necesarios para pedir ayuda en el momento oportuno.

> **Cita**
> "La vida del estudiante es el sacrificio y su recompensa, el triunfo."
>
> Anónimo

Test número ocho
¿Eres del tipo profesional con empleo fijo?

1. No tengo problemas en cumplir un horario.

2. No me incomoda recibir órdenes.

3. Me gustaría trabajar en alguna empresa del estado.

4. Mi relación con las demás personas es armónica.

5. Me gusta seguir instrucciones para hacer realidad ideas o productos.

6. Me gusta trabajar en equipo. No tengo problemas en sincronizar mis tareas con otras personas.

7. Uno de mis más grandes sueños es tener un alto cargo ejecutivo en una empresa multinacional.

8. Me gusta el lema: *más vale pájaro en mano que mil volando*. Por eso prefiero un empleo estable y seguro.

Cita

"En la nueva economía, aprender a crear un trabajo es quizá más importante que aprender a lograr un empleo."

Joline Godfrey
Presidente ejecutivo de Independent Means Inc y educador financiero

9. No me gusta arriesgarme porque mi seguridad y la de mi familia están primero. ☐V ☐F

10. Creo que para conseguir un buen empleo es necesario capacitarse. Por eso el estudio es muy importante. ☐V ☐F

Si contestaste afirmativamente como mínimo a cinco enunciados, tienes potencial para ser un profesional con empleo fijo. Si contestaste afirmativamente a más de siete, definitivamente deberías inclinarte por alguna de las profesiones que te garantizarán un empleo estable, más aún si contestaste afirmativamente a los diez enunciados anteriores.

Esta categoría es una de las más grandes. En ella clasifican gerentes de empresas grandes o pequeñas, funcionarios del estado, administradores, operarios, funcionarios de diversos cargos ejecutivos, vendedores con sueldo fijo, docentes y profesores del estado o de colegios privados y universidades, ingenieros y abogados dependientes de una empresa, médicos y enfermeras, y todo aquél que devengue un salario proveniente de una empresa, firma o compañía.

Cita

"El éxito no se logra sólo con cualidades especiales. Es sobre todo un trabajo de constancia, de método y de organización."

Victor Hugo
Intelectual francés

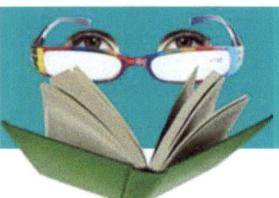

TÉCNICA DE LECTURA NÚMERO 8:
Distribución de texto tipo revista

La técnica de leer por columnas te resultará muy útil cuando lees artículos de revistas o textos que vienen a dos o más columnas. Luego, debes aprender a separar mentalmente cualquier texto en dos columnas. La idea es que apliques todas las técnicas hasta ahora aprendidas y mires cada línea de la columna en todo su ancho, como si fuera una sola imagen, con un sólo golpe de vista, sin mover la cabeza y sin vocalizar. Tratando de leer primero un solo renglón y luego dos renglones simultáneos.

EJERCICIO NÚMERO VEINTIDÓS:

Lee la siguiente fábula con un solo golpe de vista por cada línea. Ahora es cuando pones en acción todo tu campo de visión periférica. Haz el mismo ejercicio desde el software de Lectura Dinámica y contesta las preguntas de comprensión lectora.

Los zánganos y las abejas

Sucedió que algunos panales  de miel no tenían dueño. Los zánganos los reclamaban, pero las abejas se oponían; se llevó el pleito al tribunal de cierta avispa: ardua era la cuestión; testigos decían haber visto volando alrededor de aquellos panales

Cita

"La perseverancia es invencible. Por ello, el tiempo, en su acción, destruye y derriba toda potencia."

Plutarco
Historiador y ensayista griego

unos bichos alados, de color oscuro, parecidos a las abejas; pero los zánganos tenían las mismas señas. La señora avispa, no sabiendo qué decidir, abrió de nuevo el sumario, y para mayor ilustración, llamó a declarar a todo un hormiguero; pero ni por esas pudo aclarar la duda.

"¿Me quieren decir a qué viene todo esto? preguntó una abeja muy avisada. Seis meses hace que está pendiente el litigio, y nos encontramos lo mismo que el primer día. Mientras tanto, la miel se está perdiendo. Ya es hora de que la jueza se apresure; bastante le ha durado la ganga. Sin tantos autos ni providencias, trabajemos los zánganos y nosotras, y veremos quién sabe hacer panales tan bien concluidos y tan repletos de rica miel."

Pero los zánganos no aceptaron la propuesta, demostrando que aquel arte era superior a su destreza, y la avispa adjudicó la miel a sus verdaderos dueños.

Moralejas:
- Por la obra se conoce al obrero.
- Por mucho que intentes que un negocio te salga utilizando mentiras, la verdad siempre saldrá a la luz.

 "La educación es la mejor herencia que le pueden dar los padres a sus hijos."

Anónimo

Ahora verifica tu comprensión lectora:

1. **¿Quiénes eran los verdaderos dueños de la miel?**
   A. La avispa y el tribunal
   B. Todo el hormiguero
   C. Las abejas
   D. Los zánganos

2. **¿Qué demostraron los zánganos al final?**
   A. Que no eran mentirosos.
   B. Que no sabían cómo producir la miel.
   C. Que los panales más ricos eran los de ellos.
   D. Que las hormigas no tenían nada que ver.

3. **¿Qué refrán se podría aplicar a la fábula?**
   A. A cualquier dolencia, es remedio la paciencia.
   B. Más vale maña que fuerza.
   C. Si dices las verdades, pierdes amistades.
   D. Las cosas caen por su propio peso.

4. **En un contexto empresarial, la abeja avisada no podría ser...**
   A. Una trabajadora preocupada por la producción.
   B. La gerente que busca que se deje de pasar el tiempo innecesariamente.
   C. Una socia que quiere que se comparta el producto con la competencia.
   D. Una empleada que busca llegar a un acuerdo.

5. **Físicamente, las abejas y los zánganos...**
   A. No se podían distinguir de ninguna forma.
   B. Eran totalmente diferentes entre sí.
   C. Poseían olor a miel en sus cuerpos.
   D. Tenían características bastante similares.

 "Uno de los secretos del éxito empresarial consiste no en hacer uno mismo el trabajo, sino en reconocer al hombre apropiado para hacerlo."

Andrew Carnegie
Empresario y filántropo estadounidense

EJERCICIO NÚMERO VEINTITRES

Lee la siguiente fábula con un solo golpe de vista por cada dos líneas. Ahora pones en acción tu campo de visión periférica combinada con tu campo de visión central. Haz el mismo ejercicio desde el software de Lectura Dinámica y contesta las preguntas de comprensión lectora.

El gato y las ratas

Un gato, llamado Rodilardo, causaba entre las ratas tal estrago y las diezmaba de tal manera que no osaban moverse de su cueva.

Así, con tal penuria iban viviendo que a nuestro gato, el gran Rodilardo, no por tal lo tenían, sino por diablo.

Sucedió que un buen día en que Rodilardo por los tejados buscaba esposa, y mientras se entretenía con tales cosas, se reunieron las ratas, deliberando qué remedio tendrían sus descalabros. Habló así la más vieja e inteligente: - Nuestra desgracia tiene un remedio: ¡atémosle al gato un cascabel al cuello! Podremos prevenirnos cuando se acerque, poniéndonos a salvo antes que llegue. Cada cual aplaudió entusiasmada; esa era la solución ¡estaba clara! Mas poco a poco reaccionaron las ratas, siendo todas timoratas ¿Quién iba a atarle el cascabel al gato?

Así he visto suceder más de una vez -y no hablo ya de ratas, sino de humanos-: ¿a quién no lo han golpeado los desengaños? Tras deliberaciones, bellas palabras, grandes ideas... y, en limpio, nada.

Moralejas:
- Al mal paso darle prisa.
- No te quedes en solo palabras sino que muévete y toma acciones.

 Cita "El liderazgo es una tarea, no un puesto. Las personas no te pertenecen, tú les perteneces a ellas."

Max De Pree
Escritor y hombre de negocios estadounidense

Ahora verifica tu comprensión lectora:

1. **Ponerle un cascabel al gato era...**
   A. Como quitarle un dulce a un niño.
   B. Tener el valor de enfrentarse a una situación difícil.
   C. Meditar en el problema y no encontrar salidas.
   D. Una solución parcial para el problema que tenía el gato.

2. **Un refrán que puede describir la fábula puede ser:**
   A. Quien no oye consejo no llega a viejo.
   B. Amor con amor se paga.
   C. Puro tilín tilín y nada de paletas.
   D. Más vale malo conocido que bueno por conocer.

3. **Empresarialmente, las ratas serían como...**
   A. Aquellos con buenas ideas pero que no se animan a realizarlas.
   B. Las personas emprendedoras que empiezan con pequeñas ideas.
   C. Empleados que no se dejan vencer por las situaciones difíciles.
   D. Compañías que fracasan debido a la renuncia de sus líderes.

4. **Dentro del contexto, un sinónimo de "timoratas" podría ser:**
   A. Valientes
   B. Fuertes
   C. Miedosas
   D. Pequeñas

5. **El problema que las ratas tenían en la historia se compara con:**
   A. Desesperación
   B. Desengaño
   C. Desconfianza
   D. Desenfreno

"Cristaliza tus metas. Elabora un plan para alcanzarlas. Fíjate una fecha límite. Entonces, con suprema confianza, lleva adelante tu proyecto."

Paul J. Meyer
Autor de libros motivacionales

EJERCICIO NÚMERO VEINTICUATRO

Lee la siguiente fábula con un sólo golpe de vista por cada dos líneas. Ahora las columnas tienen más palabras para continuar ampliando tu campo de visión periférica combinada con tu campo de visión central. Haz el mismo ejercicio desde el software de Lectura Dinámica y contesta las preguntas de comprensión lectora.

Los defectos del prójimo

Cuentan que Júpiter, antiguo dios de los romanos, convocó un día a todos los

animales de la tierra. Cuando se presentaron les preguntó, uno por uno, si creían tener

algún defecto. De ser así, él prometía mejorarlos hasta dejarlos satisfechos.

-¿Qué dices tú, mona? -le preguntó.
-¿Me habla a mí? -saltó la mona-. ¿Yo,

defectos? Me miré en el espejo y me vi espléndida. En cambio el oso, ¿se fijó? ¡No

tiene cintura!
-Que hable el oso -pidió Júpiter.

-Aquí estoy -dijo el oso- con este cuerpo perfecto que me dio la naturaleza. ¡Suerte

no ser una mole como el elefante!
-Que se presente el elefante...

-Francamente, señor -dijo aquél-, no tengo de qué quejarme, aunque no todos puedan

decir lo mismo. Ahí lo tiene al avestruz, con esas orejitas ridículas...

Cita

"El talento gana juegos, pero el trabajo en equipo y la inteligencia ganan campeonatos."

Michael Jordan
Ex jugador profesional de baloncesto estadounidense

-Que pase el avestruz.
-Por mí no se moleste -dijo el ave-.

Júpiter hizo pasar a la jirafa quien, a su vez, dijo que los dioses habían sido

-Gracias a mi altura veo los paisajes de la tierra y el cielo, no como la tortuga

La tortuga, por su parte, dijo tener un físico excepcional. -Mi caparazón es un

-Que pase la víbora -dijo Júpiter algo fatigado.

Llegó arrastrándose y habló con lengua viperina:

-Por suerte soy lisita, no como el sapo que está lleno de verrugas.

-¡Basta! -exclamó Júpiter-. Sólo falta que un animal ciego como el topo critique los

ojos del águila.
-Precisamente -empezó el topo-, quería

decir unas palabras: el águila tiene buena vista pero, ¿no es horrible su cogote

se creen perfectos y piensan que los que deben cambiar son los otros.

¡Soy tan proporcionado! En cambio la jirafa, con ese cuello...

generosos con ella.

que sólo ve los cascotes.

refugio ideal. Cuando pienso en la víbora, que tiene que vivir a la intemperie...

pelado? -¡Esto es el colmo! -dijo Júpiter, dando por terminada la reunión-. Todos

Moralejas:
- Sólo tenemos ojos para los defectos ajenos y llevamos los propios bien ocultos, en una mochila, a la espalda.
- Si no conocemos nuestras imperfecciones no podremos cambiarlas y así mejorar.

Cita

"Las excusas son los clavos que se utilizan para construir un edificio de fracasos."

Don Wilder & Bill Rechin
Caricaturistas estadounidenses

Ahora verifica tu comprensión lectora:

1. **¿Para qué convocó Júpiter a los animales?**
    A. Para escuchar cómo se quejaban unos de otros.
    B. Para conocer sus necesidades y entregarles cosas.
    C. Para saber sus defectos y mejorar a cada uno.
    D. Para hablar de sus destrezas físicas.

2. **¿Qué oportunidad perdieron los animales?**
    A. Ninguna
    B. La oportunidad de que Júpiter cambiara sus imperfecciones.
    C. La oportunidad de que los otros animales vieran lo perfectos que eran.
    D. La oportunidad de ser grandes como el elefante y fuertes como la tortuga.

3. **¿Cuáles de los animales tenían defectos?**
    A. Ninguno
    B. Todos sólo que ellos mismos no los veían.
    C. El oso, el elefante, el avestruz, la jirafa y la tortuga.
    D. Aquellos quienes se encontraron con Júpiter.

4. **¿Cuál de los siguientes refranes no aplica para lo que hacían los animales?**
    A. Dime de qué presumes y te diré de qué careces.
    B. Mirar la paja en el ojo de los otros y no la viga en el propio ojo.
    C. A Dios rogando y con el mazo dando.
    D. La crítica es la fuerza del impotente.

5. **Si estuvieran dentro de una empresa, los animales...**
    A. Tendrían un excelente clima laboral sin ningún altercado.
    B. Difícilmente prosperarían debido a que creen que no tienen nada en qué mejorar.
    C. No le darían ninguna queja al jefe acerca de sus compañeros de trabajo.
    D. Seguramente serían promovidos ya que sus cualidades son inmejorables.

Cita

"La superioridad indiscutible de unos pueblos sobre otros no reside en la diferencia de razas, sino se debe a la divergencia de la educación de la juventud."

Anónimo

OCTAVA APLICACIÓN

Lee la siguiente fábula de 800 palabras en un minuto, utilizando todas las técnicas aprendidas hasta ahora. Si no alcanzas a leer toda la fábula en un minuto la primera vez, detente tan pronto se termine el tiempo y mira el número de palabras al que llegaste. Compara con las otras lecturas y ve si estás aumentando tu velocidad de lectura. Luego intenta nuevamente leer la fábula sin pasarte de un minuto, cuantas veces sea necesario hasta que puedas leerla totalmente en un minuto. Recuerda alternar cada ejercicio del texto con el ejercicio del software de Lectura Dinámica y contestar las preguntas de comprensión lectora.

El Proyecto Arca
800 palabras

En cierta ocasión hizo Dios llamar al cielo al rey[10] de un país. "No voy a darte mayores detalles", le[20] dijo, "pero necesito que hagas construir un arca bien grande[30] en un plazo de un mes". El rey regresó a[40] su palacio y le contó a un amigo la orden[50] que le había dado Dios. "No te preocupes" contestó el[60] amigo, "al otro lado de las montañas vive un viejo[70] fabricante de arcas, él te solucionará el problema". Entonces el[80] viejo fue llamado al palacio y el rey le pidió[90] fabricar el arca más grande de que fuese capaz. El[100] anciano recibió la orden taciturno y regresó a su taller[110] donde, por generaciones, se habían construido las mejores arcas del[120] reino. Pero uno de los sabios del Consejo Real, encontró[130] conveniente aconsejar al rey al respecto. "Majestad", le dijo, "si[140] se trata de la voluntad de Dios, me parece imprudente[150] adjudicar al viejito la construcción del arca. Su técnica es[160] artesanal, y está superada ampliamente por el saber hacer moderno.[170] Recomiendo organizar un grupo de trabajo interdisciplinario e intersectorial que[180] coordine el Proyarca, como podríamos denominar al proyecto.

"La lectura engrandece el espíritu del hombre."

Anónimo

Quince días[190] después el viejito ya técnicos dudaron de su calidad. Por crear una compañía que investigase del aprovisionamiento de ésta para el proyecto.[230] Se decidió entonces crear la Maderarca, una empresa que tendría[240] ventaja adicional de concurrir al mercado y obtener ganancias. Pero[250] como la empresa no podía quedar al arbitrio de un[260] grupo de expertos, se creó una superintendencia a la que[270] se denominó Superarca. Veinte días pasaron y se descubrió un[280] gigantesco robo de materiales en la Superarca que ya, para[290] entonces, disponía de doce mil empleados.

Para evitar nuevos desfalcos[300] se creó una gerencia de control, de la que se[310] responsabilizó a un funcionario muy honrado, y a la que[320] se denominó con el nombre de Gerarca. Dos mil empleados[330] de los cinco mil que[340] contrató. Pasados Dios,[350] la Maderarca había producido superadas ligeramente por las ganancias de apoyo que mantenía para contribuir olvidado por sabios y expertos, fue[390] a con su labor.[400] Pero allí se enteró habían asignado, había sido trasladado Imagen Imarca, responsable de la imagen entonces donde el virrey, quien por esa

tenía lista la madera, pero los[200] tal motivo recomendaron al[210] rey los bosques del reino[220] y se encargase

fueron despedidos con la colaboración 25 días del encuentro del rey con 2.000 millones de pesos en ganancias,[360] obtenidas por la Superarca en[370] las fincas al proyecto.[380] Mientras tanto el viejito, la capital por recursos para continuar que el dinero, que inicialmente le[410] al Departamento de Relaciones e[420] publicitaria del proyecto. Acudió[430] época había sido[440] nombrado presidente de la compañía subsidiaria Comarca, encargada de la[450] comercialización de productos. Al presentar sus argumentos fue acusado de[460] oponerse al sistema Proarca, controlado por computadores; afortunadamente, pudo evitar[470] ser detenido por oponerse a la programación.

Cumplido el plazo,[480] el rey fue llamado nuevamente ante Dios. "¿Y el arca?".[490] "Señor, dame por favor 15 días más. Tenemos 25.000 hombres[500] trabajando día y noche en el proyecto. Aún no

Cita "Quien busca perlas debe bucear debajo."

John Dryden
Dramaturgo y crítico literario inglés

hemos[510] comenzado el montaje, pero expertos[520] hemos logrado obtener accedió Dios, no[530] sin antes alertarle nuevo plazo". De regreso al palacio, determinó que Comarca apresurase un comité interinstitucional. 10 días, contaban con la estructura proa, a los 13,[590] la popa. A los 14 ampliamente cubierta e ilustrada por la primera tabla. Al día siguiente se solicitar una nueva prórroga de[630] contra su[640] voluntad, no tuvo más tal propósito. Sin embargo, Dios no le comunicó la mala noticia: "no[670] concedió suficiente tiempo para[680]

De regreso al reino, empezó a cambió convirtiéndose en una[700] lloviendo. El gran Salón[710] Dorado estaba inundado, así como todo el país. La gente,[720] desconcertada, estaba anegada hasta la cintura. Entonces, reunido el rey[730] con sus sabios, técnicos y expertos analizaba la situación, cuando[740] uno de ellos divisó, a través de una ventana, una[750] pequeña mancha que asomaba en el horizonte. Era un barco,[760] ¡Un arca! "¿Y esa arca?", preguntó el rey. "¿Quién es[770] el dueño?". Era el anciano Noé quien en su arca[780] llevaba animales. Cruzó lentamente frente a ellos mientras continuaban reunidos,[790] con el agua al cuello buscando una solución al problema.[800]

aprovechando la versatilidad de los algunas ganancias". "Muy bien", a "tener el arca concluida dentro del[540] el rey convocó a[550] sabios y expertos y su labor.[560] Para tal efecto constituyó Trabajaron sin descanso,[570] y pasados del arca;[580] a los 12 se perfilaba días el coordinador, en ceremonia[600] "La Gaceta", inauguró la puesta[610] de enteró el[620] rey de que sería necesario 10 días para la entrega del arca, y remedio que acudir al cielo para[650] le recibió y envió[660] a un santo, quien habrá prórrogas. Dice Dios que ya cumplir el compromiso."

sentir[690] una llovizna que poco a poco fuerte lluvia. Pasados tres días seguía

Moralejas:
- En la vida, no siempre lo urgente es lo más importante.
- No te intereses en lo que está correcto o en lo que está equivocado sino en lo que es importante.

"Se puede albergar un sueño durante años y años, y convertirlo en realidad de repente. Sé paciente. Te pasará, tarde o temprano: ¡la vida te abrirá la puerta, y te permitirá entrar y dar una gran fiesta!"

Louis Brown
Consultor de negocios estadounidense

Ahora verifica tu comprensión lectora:

1. **Identifica causa y efecto en esta historia:**
   A. Reconocer los propios errores y admitirlos permite llegar a los objetivos.
   B. Tomar en cuenta la opinión de otros es una oportunidad para conocer sus habilidades y talentos.
   C. Cada error deja gran experiencia y aprendizaje; mejor es ocuparse y no distraerse para no cometer los mismos errores.
   D. No todas las personas piensan y actúan igual, a eso se debe la igualdad de oportunidades y la libertad.

2. **La frase que mejor describe la idea principal del relato es:**
   A. Tienes oportunidad de escribir, corregir y mejorar tu historia todos los días.
   B. No confundas la autoridad con el autoritarismo.
   C. No basta saber, se debe también aplicar. No es suficiente querer, se debe también hacer.
   D. Los problemas nunca se acaban... pero las soluciones tampoco.

3. **El principal error que el rey cometió fue:**
   A. Pedir prórroga en la realización del proyecto.
   B. Subestimar y no atender a quien tenía la experiencia.
   C. Conformar varios grupos de trabajo para el proyecto.
   D. Organizar una ceremonia inaugural para la postura de la primera tabla.

4. **El personaje de Noé tipifica a:**
   A. El líder siempre dispuesto al sacrificio y la incomprensión y que se sobrepone a la adversidad.
   B. El viejito conformista del grupo.
   C. El sabelotodo que se creyó indispensable.
   D. El empleado que no trabaja bien porque la paga es mala.

5. **¿Cuál de las siguientes enseñanzas de la historia no es un ejemplo de emprendimiento empresarial en la lectura?**
   A. En materia de negocios, nada hay efectivo mientras estos no estén terminados.
   B. Es válido culpar a los demás para justificar mis errores.
   C. Debemos trabajar sobre seguro sin correr riesgos por pequeños que éstos sean.
   D. Un sueño se hace realidad cuando conlleva sudor, determinación y trabajo duro.

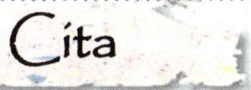 "El mejor amigo del hombre es el libro, pues en él encontrará qué hacer en el mañana."

Anónimo

Noveno paso: Apertura al cambio

El cambio es una constante en todos los aspectos de la vida. La naturaleza misma está sujeta a este principio de transformación. Tu vida siempre ha seguido un orden de constante cambio y desarrollo y no parará de cambiar, para bien o para mal de acuerdo con tus elecciones, planes y acciones.

Cualquier proceso que tú como emprendedor enfrentes debe motivarte al cambio y al crecimiento. Aún en medio de las posibles crisis que surjan en tu emprendimiento debes recordar que cada una de esas crisis es una oportunidad, y que la apertura al cambio es un factor fundamental en el buen desarrollo de una persona y de la sociedad.

No es fácil dar un paso de fe y lanzarse a emprender. Los cambios pueden atemorizarte, porque te obligan a enfrentar lo desconocido. El miedo es una fuerza negativa que te limita y te encierra en un nivel de existencia que está muy por debajo de tus capacidades. Pero si ves los cambios como una oportunidad y no como una amenaza podrás adaptarte a ellos sin ninguna dificultad.

Antes de iniciar cualquier proceso de cambio voluntario, debes identificar el nivel dónde enfocar los esfuerzos. Debes tener en cuenta que un cambio que ocurre en un determinado nivel siempre afecta a los demás niveles exteriores, pero no siempre a tus propios niveles interiores. Por ejemplo, un cambio en el nivel espiritual te afectará todos los niveles internos y hasta externos, pero un cambio en tu apariencia física, sólo afectará algunos niveles de tu vida.

En términos comerciales o de negocio, tú como emprendedor debes buscar cambios voluntarios que afecten todos los niveles de tu empresa y que no solamente cambien internamente,

> **Cita**
> "Ningún sistema de éxito funciona si usted no lo hace funcionar."
>
> **Zig Ziglar**
> **Escritor y conferencista estadounidense**

sino que se vean claramente en el exterior (en el mercado o clientes). Debes reinventar tu empresa cada día, porque el mercado no para de cambiar.

Cuando el ritmo del cambio en el exterior (mercado) es más veloz que el ritmo del cambio en el interior (empresa), tu empresa estará en peligro.

El proceso de cambio planificado consta de 5 grandes etapas:

1. **Diagnóstico de la situación**
   Incluye todas las actividades encaminadas a lograr una visión clara de la situación para que puedas determinar si realmente existe la necesidad de cambiar y, en caso de que así sea, hacia dónde deben orientarse tus esfuerzos de cambio.

2. **Determinación de la situación deseada**
   A partir de los resultados del diagnóstico debes comparar la situación actual con la situación ideal, así podrás determinar luego una situación deseada. La situación deseada es la que tú puedes alcanzar, pero la situación ideal es la situación óptima, es decir la que deberías alcanzar.

3. **Determinación de los procedimientos apropiados para actuar**
   Con base en los resultados del diagnóstico y la determinación de la situación deseada, ahora puedes elegir y desarrollar los procedimientos apropiados para actuar sobre la situación que deseas cambiar.

4. **Ejecución de las acciones**
   Ahora debes poner en práctica la estrategia que te llevará al cambio.

5. **Evaluación de los resultados**
   Analiza los resultados obtenidos y confróntalos con los objetivos establecidos, para que puedas medir el grado de éxito alcanzado.

CONOCIMIENTO - Los analfabetos del siglo XXI no serán aquellos que no sepan leer y escribir, sino aquellos que no sepan aprender, desaprender y reaprender **(Alvin Toffler, escritor y futurista estadounidense)** - Una persona debe capacitarse, leer libros y aprender sobre todo aquello relacionado con su profesión.

Test número nueve
¿Eres político?

1. Me gusta hacer amigos y tengo muchos amigos. V F

2. Me gusta participar en actividades con otras personas. V F

3. Tengo liderazgo, porque persuado fácil a las personas para hacer alguna actividad. V F

4. Me gusta mucho conversar con la gente, incluso con personas que no conozco. V F

5. No estoy de acuerdo con algunas normas y tengo algunas ideas para mejorarlas. V F

6. Tengo credibilidad, mis amigos confían en mí. V F

7. Soy creativo, tengo agilidad mental y propongo ideas fácilmente. V F

8. Soporto con facilidad la incomprensión, la ingratitud y la traición. V F

9. Yo sé que no todos están de acuerdo con mis ideas, pero estoy convencido que mis ideas o ideales son buenos y lucho por ellos. V F

10. Me preocupa mucho la injusticia social, la desigualdad, la pobreza, la falta de oportunidades, etc., y me gustaría hacer algo para mejorar un poco estas situaciones. V F

Si contestaste afirmativamente como mínimo a cinco enunciados, tienes potencial para ser un buen político. Si contestaste afirmativamente a más de siete, definitivamente deberías inclinarte por la política, más aún si contestaste afirmativamente a los diez enunciados anteriores.

En esta categoría clasifican profesionales de toda índole. No importa la ocupación o profesión, con buena capacitación cualquiera que tenga más de siete respuestas afirmativas a los enunciados anteriores podría ser un buen político, si sumado a esto tiene altos principios y valores y una gran fuerza de voluntad para resistir las tentaciones del poder, el dinero y la fama.

Cita

"El hombre exitoso ganará de sus errores e intentará de nuevo de una manera diferente."

Dale Carnegie
Empresario y escritor de libros de autoayuda

TÉCNICA DE LECTURA NÚMERO 9:
Lectura por columnas en un segundo por renglón.

Esta técnica es parecida a la técnica número ocho. La diferencia radica en que debes leer cada renglón de mínimo 7 a 9 palabras, en un segundo como máximo. Debes practicar cuantas veces sea necesario hasta que el movimiento del ojo se vuelva automático y se acostumbre a esa velocidad. Si has hecho todos los ejercicios planteados en este libro, no te será muy difícil, pero si no los has hecho a conciencia, te recomendamos que mejor te devuelvas y los hagas una vez más, porque entonces te será muy difícil lograr la meta propuesta.

EJERCICIO NÚMERO VEINTICINCO:

Lee las fábulas de los ejercicios 25, 26, 27 y 28 con un sólo golpe de vista por cada dos líneas. Pero mientras miras los renglones como si se tratase de una imagen, debes repetir la frase: mil uno, en cada golpe de ojo. De esta manera te asegurarás de que utilizas sólo un segundo (tiempo que tardas en decir mil uno) y a la vez, te aseguras de eliminar la vocalización inconsciente. Para hacer estos ejercicios desde el software de Lectura Dinámica no necesitas repetir la frase mil uno, porque el software mismo te arroja una frase por segundo.

La ranita sorda

Un grupo de ranas viajaba por el bosque y, de repente, dos de ellas cayeron en un hoyo profundo.

Todas las demás ranas se reunieron alrededor del hoyo. Cuando vieron cuán hondo era el hoyo, le dijeron a las dos ranas en el fondo que sería imposible que lograran salir del hoyo y lo mejor sería que esperaran morir. Las dos ranas no hicieron caso a los comentarios de sus amigas y siguieron

---

Cita

"El ejemplo tiene más seguidores que la razón. De manera inconsciente imitamos a aquellos que apreciamos y nos acercamos a la gente que admiramos."

Christian Nevell Bovee
Escritor y abogado estadounidense

tratando de saltar fuera del hoyo con todas sus fuerzas. Las otras ranas seguían insistiendo que sus esfuerzos eran inútiles. Finalmente, una de las ranas puso atención a lo que las demás decían y se rindió. Se desplomó y murió.

La otra rana continuó saltando tan fuerte como le era posible.

Una vez más, la multitud de ranas le gritó que dejara de sufrir y simplemente se dispusiera a morir. Pero la rana saltó cada vez con más fuerza hasta que finalmente salió del hoyo. Cuando salió, las otras ranas le preguntaron:

- ¿No escuchaste lo que te decíamos?

La rana les explicó que era sorda. Ella pensó que las demás la estaban animando a esforzarse más para salir del hoyo.

Moralejas:
- Sin importar las circunstancias siempre debes confiar en ti mismo y perseverar para lograr tus propósitos.
- Sé 'sordo' cuando alguien te diga que no puedes alcanzar tus sueños.
- Ten cuidado porque en muchas ocasiones, las ranas que te animan a desistir se encuentran dentro de ti mismo.
- Una palabra de aliento a alguien que está pasando por un mal momento, puede reanimarlo y ayudarlo a salir adelante... Una palabra destructiva puede ser lo único que se necesita para matarlo.

Cita

"El liderazgo es el uso inteligente del poder, el poder es la capacidad de traducir intención en realidad y sostenerla."

Warren Bennis
Experto en consultoría organizacional y temas de liderazgo

Ahora verifica tu comprensión lectora:

1. **¿Qué refrán se puede aplicar a la fábula?**
   A. A buen entendedor pocas palabras.
   B. A palabras necias oídos sordos.
   C. Por la boca muere el pez.
   D. Hablando se entiende la gente.

2. **¿Por qué se puede aplicar el refrán "¿a dónde va Vicente? A donde va la gente" a lo que hizo la rana que murió?**
   A. Porque el líder de las ranas se llamaba Vicente.
   B. Porque se conformó con hacer lo que las demás decían.
   C. Porque era parte de una comunidad con ideas de progreso.
   D. Porque falleció así como todo el mundo lo hará en algún momento.

3. **Un consejo empresarial para esta fábula podría ser:**
   A. No continúes en tu trabajo si tus amigos no están de acuerdo.
   B. Pon todos tus esfuerzos en sacar adelante tu proyecto por muy difícil que parezca.
   C. Sigue ciegamente los consejos de tus compañeros ya que ellos saben por qué te lo dicen.
   D. Anima a otros empleados cuando se encuentren en tu misma situación.

4. **El "hoyo" es un símil de:**
   A. Una empresa
   B. Un jefe rencoroso
   C. Un problema
   D. Un despido

5. **¿Cuál no es una diferencia entre las dos ranas que cayeron al hoyo?**
   A. El permitir que sus compañeras las desanimaran.
   B. Las características físicas y posibilidades de salir del hoyo.
   C. El dejarse llevar por las circunstancias.
   D. El luchar sin morir en el intento.

 "El verdadero líder siempre va un paso más adelante que su equipo, sin embargo no lo deja atrás, lo guía para crear más líderes. Él saca lo mejor de los demás."

Anónimo

EJERCICIO NÚMERO VEINTISEIS

El camellito sabio

Una madre y un bebé camello estaban descansando, y de repente el bebé camello pregunta...

-...Madre, ¿puedo preguntarte algunas cosas? **Mamá:** ¡Claro que sí! ¿Por qué, hijo?, ¿hay algo que te molesta? **Bebé:** ¿Por qué los camellos tenemos joroba?

Mamá: Mira hijo, nosotros somos animales del desierto, y necesitamos la joroba para guardar grasa, y así poder obtener energía y sobrevivir sin alimentos.

Bebé: Bien, ¿entonces por qué son nuestras piernas largas y nuestras patas redondas? **Madre:** Hijo, ¡obviamente ellas se adaptan para andar en el desierto, con estas piernas nos podemos mover por el desierto mejor veces que nadie! **Bebé:** Bien, ¿entonces por son nuestras pestañas tan grandes? A qué eso molesta mi vista.

Madre: Hijo mío, las pestañas largas y gruesas son su tapa protectora. Ellas ayudan a proteger tus ojos de la arena del desierto y del viento...

Bebé: Ya entiendo. Entonces la joroba debe el almacenar la grasa cuando estamos en ojos desierto, las piernas son para andar por el desierto y estas pestañas protegen mis del desierto... ¡¿Entonces qué estamos haciendo aquí en el zoológico?!

Moraleja: habilidades, conocimiento, capacidades y experiencia únicamente son útiles si estás en el lugar correcto.

> **Cita** "La única diferencia entre un sueño y un objetivo es una fecha."
>
> Edmundo Hoffens
> Orador motivacional

Ahora verifica tu comprensión lectora:

1. **¿Para qué tipo de lugar están adaptados los cuerpos de los camellos?**
   A. Para lugares de descanso
   B. Para zoológicos
   C. Para los desiertos
   D. Para los lugares donde hay agua

2. **Al preguntar el camellito "¡¿Entonces qué estamos haciendo aquí en el zoológico?!" demuestra una actitud:**
   A. Dubitativa
   B. Inconforme
   C. Comprensiva
   D. Paciente

3. **¿Cuál enseñanza se puede aplicar a la historia?**
   A. No te resignes a una situación en la cual no estás cómodo.
   B. Sólo puedes aprovechar con lo que estás equipado si estás en el lugar que es.
   C. Las mamás siempre saben las respuestas a las preguntas de sus hijos.
   D. Las pestañas largas nos protegen los ojos de la arena.

4. **Empresarialmente, un camello en el zoológico sería como:**
   A. Un negociante que maneja su propia empresa de comercialización.
   B. Un licenciado en geografía que da clases en un colegio.
   C. Un administrador de empresas que trabaja como actor.
   D. Un artista plástico que maneja una galería.

5. **¿Qué almacenan los camellos en su joroba?**
   A. Arena
   B. Grasa
   C. Agua
   D. Viento

Cita

"El gran secreto del éxito en la vida de un hombre es estar listo cuando su oportunidad viene."

Benjamín Disraeli
Ex primer ministro británico

EJERCICIO NÚMERO VEINTISIETE

La sacudida del burro

Un día, el burro de un campesino se cayó en un pozo. El animal lloró fuertemente por horas, mientras el campesino trataba de sacarlo sin éxito.

Finalmente el campesino decidió que el animal ya estaba viejo, el pozo estaba seco, y necesitaba ser tapado de todas formas y que realmente no valía la pena sacar el burro.

Invitó a todos sus vecinos para que vinieran a ayudarlo. Todos tomaron una pala y empezaron a tirar tierra al pozo. El burro se dio cuenta de lo que estaba pasando y lloró desconsoladamente.

Luego, para la sorpresa de todos, se tranquilizó. Después de unas cuantas

> **Cita**
>
> "El fracaso es una gran oportunidad de empezar otra vez más inteligentemente."
>
> Henry Ford
> **Fundador de Ford Motor Company**

paladas de tierra, el campesino finalmente miró al fondo del pozo y se sorprendió el de lo que vio... Con cada palada de tierra, burro estaba haciendo algo increíble...

Se sacudía la tierra y daba un paso hacia arriba... mientras los vecinos seguían echando tierra encima del animal, él se sacudía y daba un paso hacia arriba.

Pronto todo el mundo vio sorprendido como el burro llegó hasta la boca del pozo, pasó por encima del borde y salió trotando...

Moraleja: la vida va a "tirarte tierra", todo tipo de tierra... El truco para "salirte del pozo" es sacudírtela y dar un paso hacia arriba. Cada uno de nuestros problemas es un escalón hacia arriba.

Cita

"Durante todos los años en que debí hacer frente a los rechazos, a propósito de mis proyectos de película, el hecho de haber sido lastimado y de aprender a aguantar me proporcionó la resistencia y la energía que necesitaba para hacer mis películas."

Michael Douglas
Actor estadounidense ganador del premio Óscar

Ahora verifica tu comprensión lectora:

1. **¿Cómo estaba el pozo del campesino al principio de la historia?**
   A. Estaba lleno de arena.
   B. No tenía nada de agua.
   C. Tenía palas de campesinos.
   D. Era apto para que viviera un animal.

2. **¿Por qué pensaba el campesino que no valía la pena sacar al burro del pozo?**
   A. Porque el pozo estaba seco.
   B. Porque el campesino no tenía los medios para hacerlo.
   C. Porque el grupo de vecinos le había dicho eso.
   D. Porque el burro estaba viejo.

3. **Empresarialmente, ¿qué no sería un símil de esa "tierra" de la que habla la historia?**
   A. Críticas de los subalternos
   B. Chismes de compañeros de trabajo
   C. Ascenso a un mejor puesto
   D. Maltrato laboral por parte de los jefes

4. 4. **¿Qué significa "salir del pozo"?**
   A. Superar un problema.
   B. Huir de una situación.
   C. Descubrir algo oculto.
   D. Evadir una responsabilidad.

5. **¿Por qué se sorprendieron de que el burro pudiera salir?**
   A. Porque al caer se había golpeado y no tenía fuerzas.
   B. Porque sólo lloraba y no hacía nada para salir.
   C. Porque lo que querían realmente era taparlo con tierra.
   D. Porque el fondo del pozo era muy hondo.

Cita

"El saber es la única propiedad que no puede perderse."

Bías de Priene
Filósofo, uno de los siete sabios de Grecia

EJERCICIO NÚMERO VEINTIOCHO

El perro, la pantera y el mono

Cierto día un señor va de cacería al África y se lleva su perrito.

Un día en la expedición, el perrito, corriendo mariposas se aleja del grupo y comienza a vagar solo por la selva. En eso ve a lo lejos que viene una pantera enorme a toda carrera.

Al ver que la pantera sin duda se lo va a comer, piensa rápido qué hacer. Ve muerto un montón de huesos de un animal y empieza a mordisquearlos.

Entonces, cuando la pantera está a punto de atacarlo, el perrito dice en voz alta:

-¡Ah! ¡Qué rica pantera me acabo de comer!

La pantera lo alcanza a escuchar, frena y sale despavorida pensando:

-Quién sabe qué animal será, no sea que me coma a mí también.

> **Cita**
> "El éxito está determinado por el hecho de tomar las cartas que te repartieron y utilizarlas con lo mejor de tu habilidad."
>
> Ty Boyd
> Orador y experto en sistemas de enseñanza de comunicaciones

Un mono que estaba trepado en un árbol contarle cercano, que había visto y oído

-Cómo serás de estúpida, esos huesos ya estaban ahí, además es un simple perro.

Después que el mono le cuenta la historia de lo que vio, la pantera, muy molesta,

perro a ver quién se come a quién. Y salen corriendo a buscar al perrito. El

mono chismoso. ¿Y ahora qué hago?,

Entonces, en vez de salir corriendo, se queda sentado dándoles la espalda como

si no los hubiera visto, y cuando la pantera está a punto de atacarlo,

sale corriendo tras la pantera para la escena, como la engañó el perrito.

El perrito alcanza a darse cuenta de la mala onda del mono.

le dice al mono:
-Súbete a mi espalda, vamos donde ese

perrito ve a lo lejos que viene nuevamente la pantera y esta vez con el

piensa el perrito asustado.

el perrito dice:
-Ahh, ¡este mono!,

hace como media hora que lo mandé a

traerme otra pantera, y todavía no aparece.

Moraleja: en momentos de crisis, sólo la imaginación es más importante que el conocimiento.

Cita "Se puede definir al liderazgo como una cierta capacidad de transformar una visión en realidad."

Warren Bennis
Docente, experto en liderazgo y administración de negocios

Ahora verifica tu comprensión lectora:

1. El perrito era muy inteligente porque...
   A. Comía mariposas y panteras.
   B. Sabía qué decir para escapar del peligro.
   C. Caminaba solo por la selva y no se perdía.
   D. Podía correr muy rápido.

2. El perrito usó el montón de huesos de animal muerto como:
   A. Comida
   B. Lugar para esconderse
   C. Señuelo
   D. Alimento para la pantera

3. Así se podría resumir la enseñanza de la fábula:
   A. En la selva no hay alianzas que valgan.
   B. Si estás perdido puedes correr muchos peligros.
   C. Con ingenio puedes hacer más que con destrezas físicas.
   D. Los monos son entrometidos por naturaleza y te pueden meter en problemas.

4. Después de lo último que dijo el perrito, la pantera probablemente...
   A. Hará como si nada y se lo comerá tranquilamente.
   B. Descargará su ira contra el mono mala onda.
   C. Saldrá despavorida nuevamente.
   D. Tendrá una larga conversación con él y con el mono.

5. ¿Cuántas veces engañó el perrito a la pantera?
   A. Ninguna vez, el perrito era incapaz de hacer tal cosa.
   B. Una vez, cuando el mono lo delató.
   C. Dos veces, a expensas de la crédula pantera.
   D. Tres veces, con complicidad de su amo.

 "En lugar de ser un hombre exitoso, busca ser un hombre valioso: lo demás llegará naturalmente."

Albert Einstein
Físico de origen alemán

NOVENA APLICACIÓN

Bueno, si ya llegaste hasta aquí, desarrollando uno a uno los ejercicios propuestos, leer la siguiente fábula de 900 palabras en un minuto no será tan difícil como parece. Pero si no has hecho bien todos los ejercicios, muy seguramente no podrás leerla siquiera en dos minutos. Por tanto una vez más te recomendamos practicar muchas veces con cada ejercicio y luego leer esta fábula aplicando todas las técnicas aprendidas.

Recuerda que para poder leer esta fábula en el tiempo propuesto, debes mirar simultáneamente dos renglones en un segundo por fijación. Lee la aplicación desde el software de Lectura Dinámica.

El león y los cazadores
900 palabras

En cierta ocasión el león, rey de la selva, se[10] encontraba muy preocupado por los muchos cazadores que perseguían a[20] las fieras y animales de la selva. Cada vez más[30] frecuentemente debían observar como moría alguno de sus amigos, muchos[40] de los cuales eran exhibidos como trofeos en las casas[50] de los hombres. Indignado el rey león, decidió conformar un[60] ejército con el que pudieran defenderse e inmediatamente salió a[70] reclutar animales.

Al primero que encontró a su paso fue[80] al enorme y pesado elefante. "Buenos días, mi querido elefante[90] ¿quieres formar parte de mi ejército?", le preguntó el león.[100] "Por supuesto, su majestad, por supuesto." – le contestó convencido el[110] elefante – "Indudablemente tú serás nuestra mayor defensa. Como eres grande[120] y fuerte marcharás siempre en el frente."

Los dos caminaron[130] juntos en busca de nuevos reclutas. No habían tardado mucho[140] y se encontraron con un lobo. Este se inclinó como[150] una muestra de sumisión y saludó muy respetuosamente. - "Buenos días,[160] majestad." - "Muy buenos días, lobo feroz, actualmente estoy reuniendo un[170] valiente ejército para defendernos de los cazadores. ¿Te unirás a[180] nosotros?" – replicó el león.

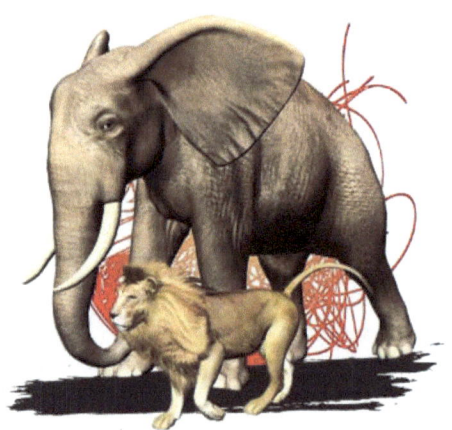

El elefante miró al león y[190] preguntó: "¿para

"El conocimiento es poder. ¡Ármate!"

Anónimo

qué te servirá un animal tan pequeño, comparado²⁰⁰ conmigo?". El rey de la selva, sin hacer caso a²¹⁰ las alusiones del paquidermo, se dirigió de nuevo al lobo²²⁰ y le dijo: "tú podrías ser un soldado muy fiero."²³⁰ - "Por supuesto" aceptó el lobo, gustoso, y los tres caminaron²⁴⁰ en busca de nuevos reclutas. Dieron entonces con un mono²⁵⁰ chillón e igualmente el león lo invitó también a formar²⁶⁰ parte de sus huestes.

"¿Para qué lo quieres?, no creo²⁷⁰ que él te sirva para nada." - Preguntó el lobo inquietamente.²⁸⁰ "Siempre sería bueno distraer al enemigo" sentenció el león. Diciendo:²⁹⁰ "nadie mejor que él para eso."

Caminaron entonces los cuatro.³⁰⁰ Ya sentía el león que el ejército se formaba. De³¹⁰ pronto, ante ellos apareció una asustadiza liebre y un pobre³²⁰ burro que apenas podía caminar. El elefante y el lobo³³⁰ feroz se miraron, extrañados que el león se dirigiera a³⁴⁰ esos dos animales. "No querrá reclutarlos, ¿verdad?", se preguntaron el³⁵⁰ lobo y el elefante al mismo tiempo. "Claro que quiero³⁶⁰ reclutarlos," rugió el león. "¿Para qué?" Preguntó el lobo. "No³⁷⁰ te das cuenta que la liebre es un animal siempre³⁸⁰ asustado, que huye con rapidez hasta su madriguera; y ese³⁹⁰ pobre burro, es tan viejo que no tiene ya fuerza⁴⁰⁰ ni para cargar con su propio peso. Estos dos sí⁴¹⁰ que no ayudarán en nada!", prosiguió el lobo, pero el⁴²⁰ león los reclutó, sin escuchar aquellas palabras.

Cuando un buen⁴³⁰ día los cazadores merodeaban cerca, el burro sentado en un⁴⁴⁰ punto de avanzada, rebuznó bien fuerte; tan fuerte fue su⁴⁵⁰ rebuzno que alertó a todos de la proximidad del enemigo.⁴⁶⁰ Entonces la liebre corrió aprovechando su rapidez, y llevó mensajes⁴⁷⁰ de uno a otro. El mono chillón distrajo a los⁴⁸⁰ cazadores saltando de un árbol a otro, gritando como sólo⁴⁹⁰ él podía hacerlo. En tanto que el elefante apareció como⁵⁰⁰ una tromba, con su majestuoso tamaño, resoplando y emitiendo sonidos⁵¹⁰ agudos, y tras el elefante apareció por un lado, el⁵²⁰ lobo con el lomo erizado y los colmillos

Cita   "Quienquiera esté ganando, en ese momento siempre parecerá ser invencible."

George Orwell
Escritor y periodista británico

amenazantes, mientras que por el otro lado el mismísimo león, rugiendo aparecía sacudiendo su abundante melena. Todo esto asustó a los cazadores, quienes no tuvieron otra opción que huir, abandonando sus armas y jurándose no regresar jamás por aquella selva.

Todos agradecieron al león por haber actuado como un verdadero líder, porque supo trabajar con las fortalezas de los miembros de su equipo, a pesar de que algunos de ellos solamente se concentraban en las debilidades de los demás. Así, el elefante veía muy pequeño al lobo, comparado con él. Y ambos, elefante y lobo, menospreciaban y no veían utilidad alguna en el mono chillón, y mucho menos en la huidiza liebre y en el burro viejo.

Orgulloso el león por la victoria alcanzada habló a los demás: "Si pudiéramos concentrarnos más en las cualidades y menos en los defectos de nuestros compañeros, les aseguro que nuestra vida aquí sería más agradable. Pero entre nosotros ha estado ocurriendo lo contrario; por desgracia la mayoría de ustedes se fijan tan sólo en los aspectos más desagradables y los defectos que tienen los demás, ignorando casi por completo, las virtudes que todos ellos poseen y las ventajas con que la misma naturaleza les ha dotado, o que ellos mismos han desarrollado. El resultado es que llenan sus cabezas con la crítica y la condena y de esa manera terminan por amargarse a sí mismos, y por supuesto amargando a quienes critican. De seguir actuando de esta manera, no podría obtenerse victoria alguna en las lides y batallas que nos toca enfrentar y seríamos presa fácil de los cazadores nuevamente. Lo que hoy ocurrió cambiará nuestra convivencia en la selva: Convoco a todos los animales a que se unan a nuestro ejército para enfrentar unidos a quienes nos amenacen. También quiero que tomen la experiencia y enseñen en sus clanes y familias, la manera cómo se obtienen las victorias, para que nunca se olviden de esta gran hazaña - Hoy pudimos derrotar a los cazadores".

Los animales exclamaron "¡Viva el rey león, viva nuestro rey!". La selva entera celebró por tres bulliciosos días y el león volvió a ser proclamado el rey de toda la selva, cuando todos pusieron una corona de flores sobre su cabeza.

Moralejas:
- Un obrero con grandes sueños puede cambiar la historia, pero un hombre sin sueños no es más que un simple obrero.
- Si no aprendes a confiar en los demás, difícilmente lograrás que ellos confíen en ti.

"El único secreto real del éxito es el entusiasmo."

Walter Chrysler
Fundador de la compañía automotriz Chrysler

Ahora verifica tu comprensión lectora:

1. **Una idea que no expresa esta enseñanza es:**
   A. No debemos subestimar a los demás, todos tenemos virtudes y defectos.
   B. La fuerza reside en las diferencias, no en las similitudes.
   C. Trabajar en equipo hace que se divida el trabajo y se multipliquen los resultados.
   D. Nadie es profeta en su propia tierra.

2. **Cuál de los personajes no hace parte de esta historia:**
   A. El mono chillón
   B. El elefante
   C. El hipopótamo
   D. El burro

3. **La victoria de los animales sobre los cazadores fue debido a:**
   A. Los rugidos del león
   B. La fuerza del elefante
   C. El trabajo en equipo, que uso las ventajas de cada uno de los animales.
   D. La alerta que dio el burro al rebuznar.

4. **La lección más importante de la historia es:**
   A. No dudes de las capacidades de tus compañeros, ellos también te hacen aportes valiosos.
   B. El liderazgo no es para quien quiere, sino para quien puede.
   C. Es necesario estar siempre alerta.
   D. El león es el verdadero rey de la selva.

5. **Conforme a la lectura, un líder empresario es:**
   A. Aquel que sabe reconocer las virtudes y las debilidades de su equipo.
   B. Quien menosprecia las habilidades de los demás.
   C. Aquel que no confía sino en sus propios conocimientos y experiencia.
   D. Quien se exalta a sí mismo.

 "No hay cosa que los humanos traten de conservar tanto, ni que administren tan mal, como su propia vida."

Marco Tulio Cicerón
Escritor, filósofo y político romano

Décimo paso: Financiación del proyecto

Ahora tienes casi todo lo que se necesita para emprender ese proyecto de vida o empresa deseada. Pero no ignoramos que la mayoría de proyectos requieren dinero para ponerlos en marcha (especialmente los comerciales o de negocio). Uno de los grandes problemas del emprendedor es que no sabe cuánto dinero necesita y si llega a saberlo, no sabe cómo conseguirlo.

No obstante, recuerda que todo proyecto se puede lograr siempre y cuando la persona posea actitudes y aptitudes emprendedoras. Los demás elementos se pueden obtener de una u otra forma.

El capital inicial se podrá obtener con un buen proyecto y un plan de negocios que lo determine. Cuando tienes una buena idea y crees firmemente en ella, y si ya tienes una estrategia clara para desarrollarla, entonces empiezas a caminar en pos de ella y te van apareciendo senderos a medida que caminas. Ahora que ya has pasado por todos los pasos sugeridos en este libro, pregúntate y escribe las respuestas de manera que puedas leerlas cada vez que lo necesites:

- ¿Cuál es tu idea o proyecto emprendedor?
- ¿Necesitas dinero para realizarla?
- ¿A quién más podría gustarle o interesarle tu idea?
- ¿Tiene esa persona los recursos que tú necesitas?
- ¿Hay en tu país leyes que favorezcan al emprendimiento?
- ¿Crees que algún banco te prestaría el dinero que requieres?

Esperamos que esta obra te haya sido de mucho provecho y ahora tengas la motivación necesaria para emprender tu proyecto de vida. Haz el test número 10, revisa los resultados obtenidos en éste y los otros nueve tests. Escoge los tres que tuvieron mayor puntaje y compara qué tienen en común. De ellos, ¿cuál es el primero, el segundo y el tercero y con qué profesión de las enunciadas en los tres te sentirías más feliz?

"El secreto del éxito es desempeñar las tareas ordinarias extraordinariamente bien."

John D. Rockefeller
Empresario e industrial estadounidense

Test número diez ● ●
¿Eres líder religioso (sacerdote, pastor, monja)?

1. Amo la sabiduría y el conocimiento acerca de temas espirituales. [V] [F]

2. Siempre he estado convencido de que muchos necesitan muy poco para ser felices. [V] [F]

3. La moral, la ética y los buenos principios son lo que me motiva y me gustaría inspirarlos y enseñarlos a otros. [V] [F]

4. Quiero ser una persona íntegra, vivir y luchar por un ideal, enseñando a otros con mi ejemplo y mis palabras. [V] [F]

5. Quiero amar de verdad, como Dios nos ama. [V] [F]

6. Lo material, como el dinero, los lujos, etc., no es lo más importante para mí. [V] [F]

7. Estoy dispuesto a sacrificar muchas cosas con tal de agradar a Dios. [V] [F]

8. Me gustaría conocer más a Dios, sé que fuimos creados y que hay vida después de la muerte. [V] [F]

9. Quiero cultivar la mente humilde, libre del egoísmo que nos aferra a posiciones materiales, al afán de protagonismos y a querer sobresalir sobre los demás. [V] [F]

10. La conciencia es mi guía. [V] [F]

Si contestaste afirmativamente como mínimo a cinco enunciados, tienes potencial para ser un buen líder espiritual. Si contestaste afirmativamente a más de siete, definitivamente deberías inclinarte por la espiritualidad, más aún si contestaste afirmativamente a los diez enunciados anteriores.

En esta categoría clasifican profesionales de toda índole, y algunos pueden incluso dedicarse a las dos ocupaciones (religioso más cualquier otra profesión), sin conflicto.

 "Una vez que nosotros comprendemos que el ser humano es imperfecto no puede haber vergüenza estando equivocado, siempre que corrijamos nuestros errores."

George Soros
Especulador financiero, inversionista y activista político

TÉCNICA DE LECTURA NÚMERO 10: Lectura por columnas en tres renglones.

Ahora debes leer tres renglones simultáneamente. Cada renglón tiene un máximo de 5 palabras. Debes practicar cuantas veces sea necesario hasta que el movimiento del ojo se vuelva automático y se acostumbre a captar imágenes y significados a esa velocidad.

Recuerda que primero debes hacer los seis Ejercicios Preparatorios de las páginas 13, 14, 15, 16, 17 y 18.

EJERCICIO NÚMERO VEINTINUEVE:

Lee la siguiente fábula con un sólo golpe de vista por cada tres líneas de máximo 7 palabras por renglón. La mejor forma de sacar provecho de este curso es alternando cada ejercicio del texto con el ejercicio del software de Lectura Dinámica. Haz lo mismo con los ejercicios 30 y 31. No olvides contestar las preguntas de comprensión lectora.

El secreto de la felicidad
Paulo Coelho

Cierto mercader envió a su hijo con el más sabio de todos los hombres para que aprendiera el secreto de la felicidad. El joven anduvo durante cuarenta días por el desierto, hasta que llegó a un hermoso castillo, en lo alto de la montaña. Allí vivía el sabio que buscaba.

Cita

"Un líder tiene visión y convicción de que un sueño puede alcanzarse. Inspira el poder y la energía para que el trabajo se concrete."

Ralph Lauren
Diseñador de modas y empresario estadounidense

Sin embargo, en vez de encontrar a un hombre santo, nuestro héroe entró en una sala y vio una actividad inmensa; mercaderes que entraban y salían, personas conversando en los rincones, una pequeña orquesta que tocaba melodías suaves y una mesa repleta de los más deliciosos manjares de aquella región del mundo. El sabio conversaba con todos, y el joven tuvo que esperar dos horas para que lo atendiera. El sabio escuchó atentamente el motivo de su visita, pero le dijo que en aquel momento no tenía tiempo de explicarle el secreto de la felicidad. Le sugirió que diese un paseo por su palacio y volviese dos horas más tarde.
—Pero quiero pedirte un favor —añadió el sabio entregándole una cucharita de té en la que dejó caer dos gotas de aceite—. Mientras caminas, lleva esta cucharita y cuida

Cita

"Estar contentos con lo que poseemos es la más segura y mejor de las riquezas."

Marco Tulio Cicerón
Escritor, filósofo y político romano

que el aceite no se derrame. El joven comenzó

manteniendo siempre los ojos fijos en la cuchara.

sabio. —¿Qué tal? —preguntó el sabio— ¿Viste los tapices

el jardín que el maestro de los jardineros

los bellos pergaminos de mi biblioteca?

había visto nada. Su única preocupación

que el sabio le había confiado. —Pues entonces

dijo el sabio. No puedes confiar en un

el joven tomó nuevamente la cuchara y volvió

a subir y bajar las escalinatas del palacio

Pasadas las dos horas, retornó a la presencia del

de Persia que hay en mi comedor? ¿Viste

tardó diez años en crear? ¿Reparaste en

El joven avergonzado, confesó que no

había sido no derramar las gotas de aceite

vuelve y conoce las maravillas de mi mundo,

hombre si no conoces su casa. Ya más tranquilo,

a pasear por el palacio, esta vez mirando con

Cita

"La crisis se produce cuando lo viejo no acaba de morir y cuando lo nuevo no acaba de nacer."

Bertolt Brecht
Dramaturgo y poeta alemán

atención todas las obras de arte que adornaban

las montañas a su alrededor, la delicadeza de

colocada en su lugar. De regreso a la

todo lo que había visto.
—¿Pero dónde

preguntó el sabio. El joven miró la cuchara

—Pues éste es el único consejo que puedo darte

El secreto de la felicidad está en mirar todas

nunca de las dos gotas de aceite en la cuchara.

el techo y las paredes. Vio los jardines,

esmero con que cada obra de arte estaba

presencia del sabio, le relató detalladamente

están las dos gotas de aceite que te confié?,

y se dio cuenta de que las había derramado.

—le dijo el más sabio de todos los sabios—.

las maravillas del mundo, pero sin olvidarse

Moraleja: no descuides tus responsabilidades diarias por deslumbrarte con contratos grandes, pero tampoco dejes de disfrutarlos cuando éstos lleguen.

> Cita
>
> "Vive tratando de realizar muchas de las cosas que siempre has soñado, y no te quedará tiempo para sentirte mal."
>
> **Richard Bach**
> **Escritor y piloto de aviación estadounidense**

Ahora verifica tu comprensión lectora:

1. ¿Cuál de los siguientes no es un personaje de la historia?
   A. El sabio
   B. El mercader
   C. El rey
   D. El joven

2. ¿Qué tuvo que hacer el joven para llegar al castillo del sabio?
   A. Seguir el mapa que su padre le había entregado.
   B. Tomar un camello durante un mes.
   C. Pedirle a un mercader que lo llevara hasta allí.
   D. Caminar en el desierto por cuarenta días.

3. ¿Qué debía hacer el hijo del mercader con las dos gotas de aceite?
   A. Ponerlas sobre una cucharita de té.
   B. Tomárselas al hablar con el sabio.
   C. Evitar que se derramaran mientras paseaba.
   D. Llevarlas hasta el jardín desde el que se veían las montañas.

4. Empresarialmente, ¿cuál podría ser una situación similar a la del joven?
   A. Un empresario que dedica todo su tiempo a sacar proyectos adelante pero que no tiene familia ni amigos.
   B. Un alto directivo que a pesar de sus ocupaciones le dedica tiempo a sus hijos y a su esposa.
   C. Un empresario fluctuante que no tiene equilibrio entre los negocios y los pequeños detalles de la vida que lo hacen feliz.
   D. Un empresario que desde la inauguración de su compañía sabe y practica el secreto de la felicidad.

5. El más sabio de todos los hombres era...
   A. Un hombre ocupado rodeado de comerciantes y riquezas.
   B. Un santo que tenía muchos libros.
   C. Una persona con un voto de pobreza.
   D. Un rey con palacios y propiedades.

 "Nunca rompas el silencio si no es para mejorarlo."

Ludwig Van Beethoven
Compositor, director de orquesta y pianista alemán

EJERCICIO NÚMERO TREINTA

Lee la siguiente fábula con un sólo golpe de vista por cada tres líneas de tres a cinco palabras por renglón. Pero mientras miras los renglones como si se tratase de una imagen, debes repetir la frase: mil uno, en cada golpe de ojo. De esta manera te asegurarás de que utilizas sólo un segundo (tiempo que tardas en decir mil uno) y a la vez, te aseguras de eliminar la vocalización inconsciente.

El águila y la gallina

Era una vez un campesino
que fue al bosque cercano
a atrapar algún pájaro con

un aguilucho. Lo colocó
en el gallinero junto a
las gallinas. Creció como

casa la visita de un
naturalista. Al pasar
por el jardín, dice el

"De hecho", dijo el
hombre, "es un águila.
Pero yo la crié como

"No, respondió el
naturalista". Ella es y
será siempre un águila.

el fin de tenerlo
cautivo en su casa.
Consiguió atrapar a

una gallina. Después
de cinco años, ese
hombre recibió en su

naturalista: "Ese pájaro
que está ahí, no es una
gallina. Es un águila."

gallina. Ya no es un
águila. Es una gallina
como las otras."

Pues tiene el corazón
de un águila. Este
corazón la hará un

Cita

"Existe al menos un rincón del universo que con toda seguridad puedes mejorar, y eres tú mismo."

Aldous Huxley
Escritor inglés

día volar a las alturas."
"No, insistió el campesino.
Ya se volvió gallina

El naturalista tomó al águila,
la elevó muy alto y,
desafiándola, dijo: "Ya que

tierra, entonces, ¡abre
tus alas y vuela!"
El águila se quedó fija

a su alrededor. Vio
a las gallinas allá abajo,
comiendo granos. Y saltó

transformó en una simple
gallina". "No", insistió de
nuevo el naturalista, "Es

nuevamente mañana. Al
día siguiente, el naturalista
subió con el águila al

¡abre tus alas y vuela!".
Pero cuando el águila
vio allá abajo a las

El campesino sonrió y
volvió a la carga: "Ya
le había dicho, se volvió

y jamás volará
como águila." Entonces,
decidieron hacer una prueba.

de hecho eres un águila,
ya que tú perteneces
al cielo y no a la

s obre el brazo
extendido del naturalista.
Miraba distraídamente

junto a ellas. El
campesino comentó.
"Yo lo dije, ella se

un águila". Y un águila,
siempre será un águila.
Vamos a experimentar

techo de la casa. Le
susurró: "Águila, ya
que tú eres un águila,

gallinas picoteando el
suelo, saltó y fue a
parar junto a ellas.

gallina". "No", respondió
firmemente el naturalista.
"Es águila y poseerá

Cita "Invierte primero en ti mismo, a no ser que tú seas un mala inversión."
Tom Schreiter
Educador en habilidades de mercadeo

siempre un corazón de águila. Vamos a experimentar por última vez. Mañana la haré volar". Al día siguiente, el naturalista y el campesino se levantaron muy temprano.

Tomaron al águila y la llevaron hasta lo alto de una montaña. El sol estaba saliendo y doraba los picos de las montañas. El naturalista levantó el águila hacia lo alto y le ordenó: "Águila, ya que tú eres un águila, ya que tu perteneces al cielo y no a la tierra, abre tus alas y vuela".

El águila miró alrededor. Temblaba, como si experimentara su nueva vida, pero no voló. Entonces, el naturalista la agarró firmemente en dirección al sol, de suerte que sus ojos se pudiesen llenar de luz y conseguir las dimensiones del vasto horizonte. Fue cuando ella abrió sus potentes alas.

Se erguió soberana sobre sí misma. Y comenzó a volar hacia lo alto y a volar cada vez más a las alturas. Voló. Y nunca más volvió.

Moralejas:
- Todos tenemos un águila adentro, pero muchos tememos dejarla volar. No permitas que esa águila muera creyéndose gallina.
- Permite que tu águila saque su potencial escondido, dale ese empujón que necesita para expandir sus alas en las cimas del éxito.

Cita

"En pocas palabras, un líder es un hombre que sabe adónde quiere ir, se pone de pie y va."

John Erskine
Profesor universitario, novelista y pianista estadounidense

Ahora verifica tu comprensión lectora:

1. ¿Qué creía el campesino en cuanto al águila?
   A. Que por haber sido criada como gallina se había convertido en gallina.
   B. Que algún día tendría que dejarla ir para que recorriera el cielo.
   C. Que era una gallina que tal vez volaría pero no lejos.
   D. Que viviría más tiempo que las demás ya que era más grande.

2. ¿Qué podía hacer el águila que las gallinas no?
   A. Podía comer granos de maíz.
   B. Podía vivir en las montañas.
   C. Podía abrir sus alas y volar.
   D. Podía mantenerse erguida.

3. Si el águila fuera una persona en el ámbito de los negocios, ¿con cuál de los siguientes casos se podría comparar?
   A. Con un exitoso hombre de negocios que durante toda su vida laboral supo manejar su éxito.
   B. Con una persona temerosa que nunca logró nada en su carrera.
   C. Con un empresario que manejó su compañía a punta de mediocridad.
   D. Con un empleado que con ayuda logró descubrir sus habilidades y llegó a explotarlas.

4. ¿Qué quiere decir la historia cuando dice que el águila "creció como una gallina"?
   A. Que le salió cresta y empezó a poner huevos.
   B. Que sus características físicas empezaron a cambiar.
   C. Que se había quedado enana y no había crecido más grande que una gallina.
   D. Que había vivido como una gallina, comiendo y haciendo lo que las otras.

5. El momento en el que los ojos del águila se llenan de luz...
   A. Es cuando ella reconoce su destino y vuela lejos.
   B. Es irrelevante en la historia.
   C. Es el empujoncito que la hace saber que realmente es una gallina.
   D. Es cuando puede quedarse quieta y observar la majestuosidad de las montañas.

"El éxito es como un tren, todos los días pasa pero si no te subes tú se subirá otro."

Anónimo

EJERCICIO NÚMERO TREINTA Y UNO

Lee la siguiente fábula con un sólo golpe de vista por cada tres líneas de máximo seis palabras por renglón. Pero mientras miras los renglones como si se tratase de una imagen, debes repetir la frase: mil uno, en cada golpe de ojo. De esta manera te asegurarás de que utilizas sólo un segundo (tiempo que tardas en decir mil uno) y a la vez, te aseguras de eliminar la vocalización inconsciente.

La hormiguita productiva

Todos los días, muy temprano llegaba a su empresa la hormiga productiva y feliz. Allí pasaba sus días, trabajando y tarareando una antigua canción de amor. Ella era productiva y feliz,

pero el dueño de la empresa se dio cuenta de que no era supervisada. El mico que había sido nombrado gerente general, consideró que ello no era bueno para la empresa, así

que se creó el puesto de supervisor, para lo cual contrataron a un pato con mucha experiencia en JIT (Just In Time - Justo a tiempo), Poka Yoke (a prueba de errores)

y KanBan (sistema de producción altamente efectivo y eficiente). La primera preocupación del pato supervisor fue organizar la hora de llegada y de salida de la hormiguita. Además, el

pato preparó hermosos informes para su jefe el mico y sugirió que la hormiguita debía llenar los respectivos reportes de actividades. Pronto fue necesario contar con una secretaria

para que ayudara a preparar los informes, así que contrataron una hermosa abejita muy preparada en PFMEA (Process Failure Mode and Effects Analysis -

---

"Cuando veas a un hombre bueno, trata de imitarlo; cuando veas a un hombre malo, examínate a ti mismo."

Confucio
Filósofo chino

Análisis del Modo y Efecto de Falla) que organizó los archivos y se encargó de contestar el teléfono. Mientras tanto, la hormiga productiva y feliz trabajaba y trabajaba. El mico gerente estaba encantado con los informes del pato supervisor, así que pidió cuadros comparativos y gráficos, indicadores de gestión y análisis de tendencias. Entonces fue necesario contratar un escarabajo especialista en ISO 9000 (conjunto de normas sobre calidad) y SPC (Statistical Process Control - Control Estadístico de Procesos). Además fue indispensable comprar un nuevo computador con impresora a color. Pronto la hormiga productiva y feliz dejó de tararear sus melodías.

Y comenzó a quejarse de todo el papeleo que había que hacer ahora. El mico gerente, entonces, consideró que era momento de adoptar medidas. Así crearon el cargo de gerente del área donde trabajaba la hormiga productiva y feliz. El puesto se lo dieron a una mosca con MBA (Master of Business Administration - Maestría en Administración de Negocios) que alfombró su oficina y se hizo adquirir una silla ergonómica.

La nueva gerente necesitó - claro está - un nuevo computador y cuando se tiene más de un computador hay que tener red local y por supuesto un ingeniero de sistemas. Cargo que fue ocupado por un aguerrido pulpo egresado de Tec del Sillicon Valley, muy ducho en Windows XP, Linux, Oracle, Debian, Ubuntu, PHP, DreamWeaver, Photoshop y MySQL. Con tanta información, la nueva gerente de área, donde trabajaba la hormiga productiva y feliz, pronto necesitó un Un cangrejo trilingüe con 5

"Los baches también conforman el camino."

Anónimo

años de experiencia en MRP (Material Requirements Planning – Planificación de las Necesidades), el plan estratégico y el presupuesto para el área donde trabajaba la hormiga productiva

"Vamos a tener que contratar un estudio de clima laboral un día de estos" dijo la mosca.

comunicación eficaz y planeación efectiva. Pero un día el gerente general, al revisar las cifras, no era tan rentable como antes. Así que contrató al pingüino, prestigioso consultor de World  en la empresa y pronto emitió un sesudo informe: "Hay demasiada gente en este departamento..." Así que el gerente general siguió el que había sido su ayudante en una empresa anterior, fue contratado para que le ayudara a preparar y feliz. La hormiga ya no tarareaba sus viejas melodías y cada vez se le notaba más irascible.

Así que se contrató a una mariquita especialista en neurolingüística gerencial, se dio cuenta que la unidad de negocios (donde trabajaba la hormiga productiva y feliz), ya Class Consulting Group, para que hiciera un diagnóstico. El pingüino estuvo tres meses consejo del consultor y... ¡despidió a la hormiga productiva y feliz!

Moraleja 1: si eres una hormiga productiva y feliz, no pierdas el tiempo en una organización donde no valoran tu potencial; mejor inicia tu propia empresa.

Moraleja 2: si eres el mico gerente general identifica a las hormigas productivas y felices de tu empresa para ascenderlas y darles más oportunidades.

Moraleja 3: si eres cualquiera de los otros personajes, ¡felicitaciones!

Cita "Cuando el sabio señala la luna, el tonto se fija en el dedo."

Anónimo

Ahora verifica tu comprensión lectora:

1. **¿Qué tenían en común los personajes de la historia?**
   A. Que ninguno de ellos era productivo.
   B. Que todos querían hacer bien su trabajo.
   C. Que ninguno tenía experiencia laboral.
   D. Que todos eran insectos.

2. **¿Por qué dejó la hormiguita de tararear sus canciones?**
   A. Porque estaba agobiada con tanto papeleo.
   B. Porque la nueva gerente de área no le caía bien.
   C. Porque estaba muy ocupada como para poder hacerlo.
   D. Porque ya no le gustaban las canciones felices.

3. **El gerente general empezó a contratar personas debido a que:**
   A. La hormiguita no tenía un supervisor.
   B. Pensaba que la hormiguita no estaba haciendo bien su trabajo.
   C. Quería que la empresa fuera más productiva.
   D. Creía que lo más importante era el control de los horarios.

4. **Clima laboral significa:**
   A. Qué tan caliente o fría se encuentra la oficina.
   B. Cómo están las relaciones interpersonales entre los empleados.
   C. La cantidad de trabajo que hay en una semana laboral.
   D. El número de trabajadores que tiene una empresa.

5. **¿Por qué la moraleja 3 felicita a aquellos que son como los otros personajes?**
   A. Porque gracias a su trabajo despidieron a la hormiguita.
   B. Porque estaban muy bien preparados y eran los mejores en su campo.
   C. Porque hicieron que la empresa mejorara su productividad.
   D. Porque no habían cometido ningún error dentro de la compañía.

Cita

"No hay mejor medida de lo que una persona es, que lo que hace cuando tiene completa libertad de elegir."

William Buelger
Político, abogado y educador estadounidense

DÉCIMA APLICACIÓN

Has llegado al final del curso de emprendimiento y Súper Lectura Dinámica. Ahora lo que parecía imposible al principio es una realidad para ti: ¡puedes leer la siguiente fábula de 1000 palabras en un minuto!

No dejes de practicar todas las técnicas aprendidas, todos los días desde el principio, verás como tu velocidad de lectura y tu comprensión seguirán en aumento. Tu meta ahora debe ser duplicar nuevamente tu velocidad hasta alcanzar las 2000 palabras por minuto, aplicando las mismas técnicas. Recuerda que eres una persona emprendedora y puedes lograr todo lo que te propongas.

La abeja obrera que quería ser abeja reina

1000 palabras

Hace muchos soles, en un hermoso bosque existía una enorme[10] colmena, muy bien estructurada; cada celda estaba construida con exactitud,[20] formada por simétricos panales de cera; allí se ubicaban los[30] diferentes departamentos que conformaban la organización.

La colmena era dirigida[40] por una abeja reina, carismática y visionaria, destacada por su[50] sabiduría, y quien promovía el trabajo en equipo y la[60] proactividad de sus abejas obreras; además velaba por el cumplimiento[70] de los objetivos planteados en conjunto con sus colaboradoras más[80] cercanas, asegurando así el crecimiento de la colmena. Sin embargo,[90] su majestad sabía que pronto llegaría su retiro; era tiempo[100] de preparar a su sucesora, así que preparó un seminario[110] de liderazgo.

Al día siguiente, un barullo de vocecitas retumbaba[120] en toda la colmena, cada departamento había recibido un extraño[130] correo con la siguiente invitación: "Seminario de Liderazgo; ¿Quién desea[140] ser una abeja reina?, expositora, su majestad Abeja Reina".

¿Cómo[150] puede ser esto posible? - se preguntaban todas, inquietas.

¡Una abeja[160] obrera jamás puede llegar a ser abeja reina! - decían las[170] más escépticas.

Sin embargo la curiosidad pudo más que la[180] incredulidad y gran cantidad de abejitas obreras se inscribieron para[190] el inusual seminario. A la semana siguiente, el gran salón[200] "Colmena", resonaba con los zumbidos alborotados, pero cuando ingresó la[210] Abeja Reina al

---

Cita

"El que no sabe lo que busca, no sabe lo que encuentra."

Claude Bernard
Biólogo, médico y fisiólogo francés

recinto todo quedó en silencio. Todas la admiraban y respetaban, así que confiadas se apresuraron a escuchar.

¡Buenos días queridas abejitas! - Dijo la abeja expositora con gran alegría - hoy vamos a aclarar la mayoría de inquietudes que han crecido en sus corazones durante estos días. Y lanzó la primera pregunta: ¿Quiénes aquí creen posible que una abeja obrera llegue a ser abeja reina? - las menos incrédulas alzaron sus manitas. Está bien - dijo una vez más - y sin perder la compostura formuló otra pregunta - ¿Qué abeja aquí desea aprender a ser una líder? - otras tímidas abejitas movieron sus cabezas afirmativamente.

Mmm - suspiró la abeja líder - vamos a ver, cierren todas sus ojos, respiren profundo y busquen muy dentro de sus corazones la respuesta a esta pregunta: ¿Quién ha soñado alguna vez con ser abeja reina y dirigir esta colmena? - Entonces un monótono zumbido hizo eco en todo el salón.

En este seminario - prosiguió la abeja expositora - se prepararán para buscar dentro de sí el llamado a ser líderes y continuar con el programa. ¿Alguna pregunta, abejitas? - miles de ojitos brillaron inquietos, pero nadie musitó palabra, pues estaban deseosas de proseguir con el seminario.

Pues bien - continuó la abeja reina - iniciaremos con la historia de una abeja obrera muy inteligente y trabajadora que empezó a trabajar en esta colmena hace muchos años. Primero fue abeja limpiadora en el Departamento de Mantenimiento, donde se encargaba de limpiar los panales de cera y las colmenas nodrizas, allí notó que podían ser más eficientes y eficaces si se organizaban de otra manera. Pronto llegó a estar encargada del mismo.

Desde pequeña ella tenía un sueño - dijo la abeja haciendo una breve pausa en su historia -quería ser abeja reina, a pesar de que bien sabía que una abeja reina nace, no se hace. Pero ella no se desanimó y al transcurrir los años, su motivación, visión, carisma y alto desempeño la llevaron a liderar el Departamento de Cera, donde logró mejorar la calidad de la misma y el diseño de construcción de las celdas; de allí le fue asignada la jefatura del Área de Seguridad, donde desarrolló diversos planes para evitar el ingreso de intrusos a la colmena. Poco a poco había alcanzado sus metas, que según ella, la llevarían a su principal objetivo.

Pero no todo fue fácil y tuvo que ser fuerte en sus convicciones y no oír las tantas burlas de sus compañeras, alejando la negatividad y siguiendo sus instintos. Y lejos de porfiar con sus detractoras, mantuvo una actitud positiva, rompió sus barreras mentales, y esto sirvió de ejemplo para muchas que emularon su actitud y la siguieron en el camino del mejoramiento continuo.

La reina no era ajena a aquella singular

Cita

"No lo que decimos, sino lo que pensamos, es lo que se trasluce en nuestro semblante."

Florence Nightingale
Enfermera, escritora y estadística británica

obrera, poco a poco fue considerando[670] sus consejos, los cuales trasmitía a sus colaboradoras, y estas[680] a su vez motivaban a cada una de sus subalternas[690]. Había mejorado el ambiente en la colmena y sus objetivos[700] eran más claros. ¡Qué importante encontrar abejitas tan emprendedoras! - decía[710] la abeja reina, y le asignó la tarea principal de[720] la colmena. Entonces, desempeñando la jefatura del Área de Proveeduría[730] (departamento responsable de almacenar el polen y la miel), y[740] dado que ella constantemente estaba aprendiendo nuevas técnicas, investigaba en[750] colmenas aledañas y se informaba del acontecer mundial, se enteró[760] de importantes cambios climáticos que provocarían la desaparición de las[770] flores de donde tomaban el polen para producir su preciada[780] miel. Rápidamente fue donde la abeja reina y le comentó[790] su descubrimiento, y sugirió la posible solución ante aquella catástrofe.[800] La abeja reina nuevamente vio en ella tanta confianza y[810] seguridad en sí misma, que no dudo en apoyarla; así[820] que trabajaron en equipo, se prepararon, analizaron cuáles flores podrían[830] sobrevivir a los drásticos cambios de clima, probaron su polen,[840] y la capacidad de almacenamiento de polen y miel en[850] la colmena. Cuando sobrevino lo dicho por nuestra protagonista, tenían[860] suficiente alimento y materia prima almacenada, ya se habían adaptado[870] al polen de nuevas flores y su colmena no desapareció[880], como sí ocurrió con sus colmenas vecinas.

Su tenacidad y[890] empeño habían logrado que la abeja reina no dudara en[900] nombrarla como su sucesora, sabiendo del sueño de la abejita[910] obrera; fue así como ella llegó a ser máxima líder[920] de la Colmena al retirarse la antigua abeja reina. Suspiros[930] de júbilo rompieron el silencio en aquella sala. No podían[940] creer lo que habían escuchado, jamás lo hubieran imaginado - así[950] que la actual abeja reina se apresuró a preguntar nuevamente[960]: ¿Quién de ustedes desea desarrollar sus habilidades de líder y[970] llegar a ser una abeja reina? - esta vez, el salón[980] vibró ante las voces de las abejas obreras que afirmaban[990] su deseo de alcanzar el liderazgo anhelado en sus vidas[1000].

Moraleja: un obrero con grandes sueños puede cambiar la historia, pero un hombre sin sueños no es más que un simple obrero.

"Lo peor es educar por métodos basados en el temor, la fuerza, la autoridad... porque se destruye la sinceridad y la confianza y sólo se consigue una falsa sumisión."

Albert Einstein
Físico de origen alemán

Ahora verifica tu comprensión lectora:

1. **¿Cuál de las siguientes ideas no está contenida en la historia?**
   A. Muchos líderes nacen, pero la mayoría se hacen.
   B. Nunca esperes al éxito, este te sorprenderá.
   C. Desarrollar nuestras habilidades y talentos nos hace líderes.
   D. No es sabio el que sabe sino el que no sabe y quiere aprender.

2. **Ante la invitación de la abeja reina la respuesta de las demás en la colmena fue:**
   A. No todas las abejas llegan a ser abeja reina.
   B. Algunas obreras pueden aprender a ser abejas reinas.
   C. Todas las abejas tienen oportunidad de ser abejas reinas.
   D. Una abeja obrera jamás puede llegar a ser abeja reina.

3. **Cuál de los siguientes elementos no es parte de la historia:**
   A. La colmena
   B. Las flores
   C. Los árboles del bosque
   D. Los panales de cera

4. **La amenaza que logró anticipar la abeja obrera que protagoniza la historia fue:**
   A. Las abejas de las colmenas vecinas
   B. El negativismo y las burlas de las abejas compañeras
   C. Los cambios climáticos que provocarían la desaparición de las flores de donde tomaban el polen.
   D. La escasez de miel y de polen en la colmena

5. **Aplicando esta enseñanza a la vida empresarial podemos afirmar que:**
   A. Los rápidos y tenaces vencen a los lentos y estables.
   B. Los pequeños fracasos son peldaños hacia el éxito.
   C. Un emprendedor percibe una oportunidad y tiene la motivación, el impulso para obtener los resultados esperados.
   D. El hombre de talento es aquel que lo sabe todo por instinto.

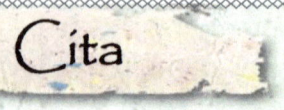 "Un pueblo puede tener piedras, garrotes, pistolas o cañones; aún así, si no tiene libros está completamente desarmado."

Anónimo

www.ingramcontent.com/pod-product-compliance
Lightning Source LLC
Chambersburg PA
CBHW041517220426
43667CB00002B/21